人文社科
高校学术研究论著丛刊

陈爱玲 著

跨文化交际语境下的大学英语教学探究

中国书籍出版社
China Book Press

图书在版编目(CIP)数据

跨文化交际语境下的大学英语教学探究/陈爱玲著
. --北京：中国书籍出版社,2019.4
ISBN 978-7-5068-7278-2

Ⅰ.①跨… Ⅱ.①陈… Ⅲ.①英语－教学研究－高等学校 Ⅳ.①H319.3

中国版本图书馆 CIP 数据核字(2019)第 079904 号

跨文化交际语境下的大学英语教学探究

陈爱玲 著

丛书策划	谭 鹏 武 斌
责任编辑	李 新
责任印制	孙马飞 马 芝
封面设计	东方美迪
出版发行	中国书籍出版社
地 址	北京市丰台区三路居路 97 号(邮编:100073)
电 话	(010)52257143(总编室) (010)52257140(发行部)
电子邮箱	eo@chinabp.com.cn
经 销	全国新华书店
印 刷	三河市铭浩彩色印装有限公司
开 本	710 毫米×1000 毫米 1/16
印 张	12.25
字 数	220 千字
版 次	2021 年 1 月第 1 版 2021 年 1 月第 1 次印刷
书 号	ISBN 978-7-5068-7278-2
定 价	60.00 元

版权所有 翻印必究

目 录

第一章　对语言、文化与交际的认识 …………………………………… 1
　　第一节　什么是语言 ………………………………………………… 1
　　第二节　什么是文化 ………………………………………………… 4
　　第三节　什么是交际 ………………………………………………… 12
　　第四节　语言、文化与交际三位一体的关系 ……………………… 18

第二章　对跨文化交际的认识 …………………………………………… 23
　　第一节　跨文化交际的内涵与模式 ………………………………… 23
　　第二节　跨文化交际意识与能力 …………………………………… 26
　　第三节　跨文化交际的主要理论 …………………………………… 36

第三章　跨文化交际语境下的大学英语教学探析 ……………………… 46
　　第一节　跨文化交际研究在大学英语教学中的地位 ……………… 46
　　第二节　跨文化交际语境下大学英语教学存在的问题 …………… 52
　　第三节　跨文化交际语境下大学英语教学的主要任务 …………… 55

第四章　大学英语教学中的文化性问题研究 …………………………… 61
　　第一节　大学英语教学的文化性诉求 ……………………………… 61
　　第二节　大学英语教学中文化性乏弱的表现与归因 ……………… 64
　　第三节　大学英语文化教学的内容与目标 ………………………… 66
　　第四节　大学英语教学中强化文化性的原则与策略 ……………… 71

第五章　跨文化交际语境下的大学英语词汇和语法教学探究 ………… 79
　　第一节　跨文化交际语境下的大学英语词汇教学探究 …………… 79
　　第二节　跨文化交际语境下的大学英语语法教学探究 …………… 89

第六章　跨文化交际语境下的大学英语听力与口语教学探究 ………… 101
　　第一节　跨文化交际语境下的大学英语听力教学探究 …………… 101

第二节　跨文化交际语境下的大学英语口语教学探究……………106

第七章　跨文化交际语境下的大学英语阅读和写作教学探究………120
　　第一节　跨文化交际语境下的大学英语阅读教学探究…………120
　　第二节　跨文化交际语境下的大学英语写作教学探究…………127

第八章　跨文化交际语境下大学英语教师的发展……………………139
　　第一节　跨文化交际语境下大学英语教师的角色定位…………139
　　第二节　跨文化交际语境下大学英语教师的素质要求…………146
　　第三节　跨文化交际语境下大学英语教师专业发展的途径……151

第九章　大学英语教学中的"中国文化失语"现象研究………………169
　　第一节　母语文化在外语学习中的负迁移………………………169
　　第二节　外语教学中目的语文化与母语文化兼容并举…………174
　　第三节　大学英语教学中"中国文化失语"的现状与原因………178
　　第四节　加强大学英语教学中母语文化的渗透…………………180

参考文献………………………………………………………………184

第一章 对语言、文化与交际的认识

随着世界经济全球化以及文化多元化的发展,跨文化交际活动得以蓬勃发展,世界各国人民之间的联系愈加紧密。现在,语言已经不再是阻碍不同国家和民族人们交往的障碍,能否理解并接受异族文化成了影响各国有效交往的重要因素。具备跨文化交际的能力和视野成为众望所归,语言、文化与交际之间的关系也将跨文化交际与外语教学紧密联系在一起,因此从跨文化交际的视角出发对外语教学加以审视非常有必要。本章将对语言、文化、交际以及三者之间三位一体的密切关系进行详细说明。

第一节 什么是语言

语言是民族的重要特征和人类特有的交际工具,它是一种特殊的社会现象,用以保存和传递人类文明的成果。无论我们作为个体还是作为社会存在物,语言在我们的生活中都居于中心位置。本节将对"什么是语言"这一问题进行解析。

一、语言的定义

什么是语言?关于这一问题,目前语言学界还没有给出一个明确而统一的解释。下面就对一些代表性观点进行介绍与说明。

《语言与语言学百科词典》中记载:"语言是人类社会用来交际或自我表现、约定俗成的声音、手势或文字系统。"

《美国百科全书》对语言这样定义:"语言是正常人类所具有而为其他物种所不备的能力,能通过口头或书面方式来表达现象或事件。其根本点是在语音与思想、概念、头脑中的形象之间建立联想关系,并能用重复方式发出和理解这些语音。语言的主要功能是进行交际。"[1]

---

[1] 潘国文.语言的定义[J].华东师范大学学报,2001(1):101.

萨丕尔(Sapir)从语言功能的角度出发对语言进行了界定,认为语言的本质就在于交际。

瑞士语言学家索绪尔(Saussure)认为,语言是用来表达观念的,是由语音、语法和词汇等构成的。

霍尔(Hall)指出,语言是一种互动的机制,人类通过任意的口头—听觉符号进行相互间的交流。

赵元任(1968)曾说:"语言是人跟人互通信息,用发音器官发出来的、成系统的行为方式。"

张世禄(1970)指出:"语言是用声音来表达思想的。语言有两方面,思想是它的内容,声音是它的外形;人类之所以需要语言,是因为有了思想,不能不把它表达出来。"

上述中外学者从不同的角度对语言进行了界定,但都不全面。即使将上述定义综合在一起,也不足以说明语言的本质。到目前为止,语言始终没有一个确切的定义。

二、语言的本质属性

(一)生理属性

语言具有生理属性,这也是语言的基本属性。人脑中有着诸多处理语言的机制,这也是区分人与动物的地方,儿童能迅速获取知识,小孩到了一定年龄掌握语言的速度会减慢,这些都源于语言的生理机制。

(二)自然属性

语言是由形式和意义两部分构成的符号系统,语言符号又可以具体切分出清晰的单位,符号与符号之间有着或横向或纵向的关系,相互之间可以组合,而且组合是呈线性的。此外,语言符号具有生成性,通过一定的语言规则,有限的符号可以生成无限的句子,表达无限的意思。

(三)社会属性

语言是一种交际工具,交际是其首要职能,信息的传递、情感的表达都需要借助语言这一工具来完成。语言这种工具具有全民性,不分年龄、性别地为全体社会成员服务。

语言产生于社会,又广泛运用于社会,且随着社会的发展变化而变化。反过来,语言能够反映社会,通过对语音进行研究就可以从中观察社会现象,了解社会心态。

(四)心理属性

语言与思维关系密切,语言是人类进行思维的重要工具,如果离开语言,人的思维也就难以进行;反过来,如果脱离思维,语言也就无所依靠,就会毫无逻辑。可以说,思维是语言存在并正常运行的基础,如果思维出现问题,那么语言能力也会受到严重影响。

三、语言的功能

语言有着显著的功能,很多语言学家都对语言的功能进行了研究,如语言学家尤金·奈达(Eugene Nida)和韩礼德(Halliday)等,并对语言的功能进行了不同的分类和论述。综合不同学者的研究,这里将语言的功能总结为以下几个方面。

(一)信息功能

语言的首要功能就是信息功能,又称"概念功能"。语言是信息的载体,当人们想要传递信息、表达思想情感时,就会运用语言这一工具,如人们将信息传递给对方,用文字将信息记录下来,这些都是语言信息功能的具体体现。

(二)人际功能

人们常常借助语言来建立和维持社会地位,这是语言人际功能的体现。根据功能语法,人际功能关心的是交际双方的相互关系以及讲话人对自己所说的话或所写的东西所持有的态度,如人们称呼别人或指代自己的方式就显示不同等级的人际关系。

(三)情感功能

情感功能是语言最为有用的功能之一,语言可以调节听众的情绪,能有效改变听者对人或事物的态度。语言在调控情绪方面有着特殊的作用,几句安慰的话语就可以让一个人的悲伤情绪得到缓解。

语言不仅能调节情绪,还能表达感情。当人们看到美好的事物时,可以通过吟咏诗词来表达自己的赞美之情,生气时可以说几句发泄的话。不仅语言的口语形式有情感功能,语言的书面形式也有情感功能,如人们看到感人的故事时就会潸然泪下。

(四)标志功能

区域的不同使得语言具有标志性功能。不同的民族生存于不同的地理环境下,这使得彼此的语言多有不同,甚至同一民族的不同地区也使用不同的语言。在这种情况下,语言成为一种标志,通过一个人的语言就可以判断其所在的地区。

第二节 什么是文化

文化是一种社会现象,是人类历史发展和长期创造的产物,它是人们所觉、所思、所言、所为的总和,并凝聚着一个民族的文明和历史。文化遍布于世界的各个角落,潜移默化地影响着人们生活的方方面面,对人们的思想、言行、观念等起着重要的制约作用。本节将对"什么是文化"这一问题进行详细解析。

一、文化的定义

什么是文化?这是一个很难回答的问题。目前,关于文化的定义已多达数百种,这样繁多的概念也表明文化内涵的浩瀚与深远,也说明文化概念的界定之难。

(一)国外学者对文化的界定

剑桥大学以马内利学院的唐·卡皮特(Don Cupitt)指出,culture 源自拉丁语动词 colo,colere,colui,cultura 等。在拉丁语中,它们分别表示:to till the ground,to tend and care for(即耕种、居住、练习、留心或注意等义项)。卡皮特认为,culture 是指被熟识、驯化和培育过的世界的镜像。大约从中世纪开始,其逐渐被扩展到精神层面来使用。关于 culture 的具体定义,西方很多学者都提出了自己的看法。

人类学家泰勒(Edward Tylor)认为:"文化作为一个复合的整体,其主要包含知识、信仰、艺术、道德、法律、风俗,以及人类在社会里所获得的一切能力与习惯。"[1]这一定义着眼于文化的精神性和整合性,是广为接受的关

---

[1] Tylor, Edward Burnrtt. *Primitive Culture* [M]. Beijing: the Chinese Press, 1990:52.

第一章 对语言、文化与交际的认识

于文化的定义。

萨姆纳和凯勒(W. G. Sumner & A. G. Keller)认为:"文化是调整和解决问题的方式和手段。"这一定义是从心理学的角度出发进行界定的,与文化人类学家的观点十分类似。[1]

罗杰·基辛认为:"文化是把人类群体与他们的生态结合起来(社会的传播者)的行为方式、生活方式、社会群居和政治组织的方式,以及宗教信仰和实践。"

戴维斯(A. Davis)从符号学的视角出发,对文化进行了界定。根据戴维斯的观点,文化涉及所有的思维模式及其相应的行为方式,而且这些思维模式主要是通过符号传递的方式进行的。

威斯勒(C. Wissler)认为:"文化就是某个社会或部落所遵循的生活方式,其主要包含那些标准化的社会传统行为。"[2]

萨丕尔从文化的传统属性和社会遗传这两大层面出发,对文化提出了自己的看法,即"文化被视为人类生活中通过某种方式遗传下来的东西,包括物质和精神两方面"。可以看出,这一定义指出了人类所具有的遗传性特征。

伊恩·罗伯逊(Ian Robertson)对文化的分析主要是从社会学的角度进行的。罗伯逊认为文化覆盖的层面相当广泛,既有物质的,也有非物质的。具体来说,物质的东西如衣服、学校、书本等,它们由人类创造,并被人类赋予其具体意义。非物质的东西如语言、思想、信仰等,它们是被抽象化的物体。

(二)国内学者对文化的界定

在中国,"文化"一词的产生和发展经历了很长的历史。有专家指出,"文化"是中国语言系统中早就存在的词汇。"文化"是由"文"与"化"两个字构成的。其中的"文"字最早出现在商代甲骨文中,是指身有花纹袒胸而立之人,之后被引申为各色交错的纹理。《易·系辞下》中记载:"物相杂,故曰文。"《礼记·乐记》指出:"五色成文而不乱。"《说文解字》说道:"文,错画也,象交文。"均表示这层"各色交错纹理"的意思。另外,"文"还包含很多引申义:包含语言文字在内的各种象征符号;由伦理之说导出彩画、装饰、人为修养之义,与"质""实"对称;在前两层意义之上,更导出美、善、德行之义。

---

[1] 郭莲.文化的定义与综述[J].中共中央党校学报,2002(1):117.
[2] 同上,第115页.

与"文"字相比,"化"字的出现较晚,未出现在甲骨文中,"化"是指事物形态或性质的改变,其还可以引申为"教行迁善"等意义。

直到春秋战国之后,"文"与"化"二字才被复合使用。《周易·贲卦·象传》曰:"观乎天文,以察时变;观乎人文,以化成天下。"这句话的大概意思是:为治理天下,须通过观察天文来把握周围环境变化发展的节律和方向;同时还须观察人文,因势利导,随宜教化,以求得理想治局的实现。

直到西汉时期,"文"和"化"才合成一个词,与"武功"相对,有"教化"之意,是统治天下的两种手段,说明治天下要文武兼备。之后,南齐王融在《曲水诗序》中曰:"设神理以景俗,敷文化以柔远",这里的"文化"有"文治教化"之意。

综上所述,在中国传统观念中,"文化"一词的本意是与"武功""武力"相对的,是以文德教化天下,使人"发乎情,止乎礼"。文化在汉语中其实是"人文教化"的简称。

梁启超在《什么是文化》中指出,"文化者,人类心能所开释出来之有价值的共业也。"这里的"共业"涉及诸多领域,如认识的(语言、哲学、科学、教育)、规范的(道德、法律、信仰)、艺术的(文学、美术、音乐、舞蹈、戏剧)、器用的(生产工具、日用器皿以及制造它们的技术)、社会的(制度、组织、风俗习惯)等。

对于文化的具体含义,我国很多学者也给出了自己的观点。

肖峰认为,文化本身其实就是被视为一种信息存在着的。从本质上进行分析,文化的形成其实就是人工信息的沉淀。文化的内核其实就是特定信息的凝聚。同理,从实质来看,文化灭绝其实就是相关信息的消失。文化的影响就是信息的扩散,文化的传播就是信息的交流。

王威孚和朱磊认为,文化属于一种社会历史现象,每个社会都有与其相适应的文化,且文化随着社会的发展而发展。同时,文化作为意识形态存在,既反映社会的政治和经济状况,又对政治和经济具有很大的影响和作用。

金惠康认为,"文化可以被理解为一种复合体,这个复合体中包含生产方式、生活方式、社会准则、价值观念等构成要素"。

梁漱溟指出,"文化不过是一个民族生活的种种方面"。概括而言,他认为文化主要包括三大方面的内容:物质生活方面(饮食、起居等)、精神生活方面(哲学、艺术、科学等)以及社会生活方面(政治制度、社会组织、经济关系等)。

综上所述,虽然中西方学者对文化的概念见仁见智,他们对文化的本质认识却是一致的,即文化是历史的沉淀和结晶,是经过长期的积累逐渐形成的,是人类社会实践的产物,是人类创造出来并持有的精神财富和物质财富。

二、文化的特点

文化有着鲜明的特点,了解文化的特点可以从更深层次上把握文化的本质。具体而言,文化具有以下特点。

(一)后天习得性

文化虽然是人类所特有的现象,但并不是与生俱来的,更不是通过遗传获得的,而是通过学习获得的。人自从一生下来就会有基本的需求,如生成和规范自己语言的需求,可如何满足这些需求,就需要依靠后天的学习和习得。

(二)民族性

文化根植于民族,并随着民族的发展而变化。文化是特定人群长期共同生活的产物,当民族地域生态环境不同时,文化积累和传播的方式也有所不同,由此也就产生了鲜明的文化"特异性"。可以说,文化是以种族或民族为中心的,文化首先是民族的,其次才是人类的。民族是一个社会共同体,因此越古老的文化,其民族性就越强。例如,中华民族是以汉族为主体的拥有56个民族的大家庭,而其中每一个民族都有其自身的特色。

(三)地域性

文化具有鲜明的地域性,这源于人类分布的地域性。人类生存在不同的地域范围内,与之相伴的文化也就有了这种特性。虽然现在多元文化发展趋势日益明显,但相对的地域界限依然存在,这就决定了不同地域文化的存在,如西方文化、东方文化等。

(四)传承性

文化的内在需求和价值决定了文化具有传承性。文化是一个民族的思想结晶和社会活动经验的总结,对于后人来说是一笔巨大的精神财富,具有巨大的文化价值和重要的指导意义。①

---

① 闫文培.全球化语境下的中西文化及语言对比[M].北京:科学出版社,2007:37.

文化并不是虚无缥缈的,文化有其物化的载体和传承的途径,即使是抽象的文化思想,也能通过语言载体加以记录和传承。文化主要通过一代又一代的口口相传或亲身实践来传承,也会通过书面语言进行传承,有时也会通过非语言符号传承。

(五)创造性

文化具有创造性,这也是文化的灵魂所在。文化的创造性源于文化主体的实践性和创造性,人们在认识和改造世界的过程中,文化得以产生。在这一过程中,人类不断创造文化,反过来文化也在不断塑造人类。

(六)变化性

文化是人们满足自身需要的结果,因此会不断适时地进行调节,这就是文化的变化性特征。这一点可以从两个方面理解:首先,从历时角度来讲,受政治、经济等社会因素的影响,不同时期的文化也会不断发生变化,如古代对美的评判标准在不同的时期就会有所不同;其次,从共时角度来说,文化的发展源于技术的发展以及新发明的出现,如电视、电话、电脑的出现给人们的思维以及行为方式带来了很大变化。

三、文化的分类

很多学者都对文化的分类进行了研究,并从不同的角度发表了不同的观点,这些观点既有独特之处,也有相通之处。总结而言,可以从不同的层面分为以下几种类型。

(一)知识文化与交际文化

根据文化内涵的特点,文化分为知识文化和交际文化。

艺术作品、文物古迹都属于知识文化,其主要通过物质表现形式呈现出来。交际文化是指在语言交际中所隐含的文化,多以非物质为表现形式。一般知识文化不对跨文化交际产生影响,而交际文化会对跨文化交际产生影响,所以相比较而言跨文化交际更应被人们重视。

交际文化又可细分为外显交际文化和内隐交际文化。外显交际文化是指那些比较外显的生活方式、社会习俗等。内隐交际文化是指那些隐含不易被察觉的价值观、世界观、思维方式等,其决定着人们的行为方式,反映着人们做出这种行为方式的心理动机。

下面来了解一下文化的组成模式,如图1-1所示。

第一章 对语言、文化与交际的认识

```
表层知识文化：文学、艺术（美术、雕塑）、音乐、影视、建筑、文物等
  底层知识文化：哲学、经济、科学、历史、法律、教育、语言学等
    外显交际文化：生活方式、行为准则、社会习俗、道德规范
      内隐交际文化：价值观，情感与态度取向
        内隐交际文化：世界观，偏低
          内隐交际文化：思维模式
```

图 1-1 文化组成模式

（资料来源：闫文培，2007）

（二）物质文化、制度文化与精神文化

按照文化的表现形式，可以将其分为物质文化、制度文化和精神文化。

物质文化是文化的基础部分，它的目的是为人类适应和改造环境提供物质基础，满足人类基本的生存需求，具体包括服饰、饮食、建筑、交通工具等。

制度文化是文化的结构部分，是人类用以调节内部关系的组织手段，从而对自己的行为加以协调去应对客观世界，如规章制度、法规等都属于制度文化。人类区别于动物、高于动物的根本原因，就在于人类不仅创造了物质财富，还创造了一个服务自己又约束自己的社会环境，创造出一系列调节内部关系和应对客观世界的组织手段。

文化的内核就是精神文化，它是人类完善自我和实现价值的知识手段，哲学、艺术、文学、习俗等都属于精神文化。

（三）高层文化、民间文化与深层文化

根据文化层次的高低，文化可分为高层文化、民间文化和深层文化。

高层文化是指历史、哲学、文学、艺术等较为高雅的文化，又称"精英文化"。

民间文化是指风俗习惯、生活方式等通俗文化，它与人们的生活密切相关。

深层文化是指价值观、世界观、思维模式、情感态度等起着指导和决定作用的文化，又称"背景文化"。

（四）高语境文化与低语境文化

根据文化对语境的依赖程度，文化可分为高语境文化与低语境文化

两种。

作为人类交流的重要工具,语言交流总是发生在一定的语境中。所谓语境,是指语言交际或者非语言交际发生的时空环境、文化背景等。语境不同,人们交际的方式和程度也会有所不同。据此,霍尔将文化分为高语境文化(High-context Cultures)和低语境文化(Low-context Cultures)。

所谓高语境文化,是指严重依赖于语境、主要通过非语言符号进行交际的文化。在这种文化中,信息多存在于自然环境或交际者的头脑中,只有少数信息通过外显的符号代码加以传递。

所谓低语境文化,是指较少依赖语境、主要借助语言符号进行交际的文化。在这一文化中,绝大部分的信息都是通过外显的符号代码进行传递的。

相比较而言,这两种文化的差异体现在以下几个方面。

首先,语言信息在低语境文化中比在高语境文化中更为重要。相较于高语境文化,低语境文化中的成员在进行交际时更希望对方能够表达得详尽、明确,一旦表达的信息无效,就可能产生困惑。

其次,高语境文化中的成员虽然也借助语言符号传递信息,但相较于低语境文化中的成员,对语言符号的依赖性较少,认为事实胜于雄辩,有时一切可尽在不言中。

最后,在进行交际的过程中,两种语境中的成员很容易发生冲突。因为高语境文化成员在交际过程中一般不直接言明,而低语境文化成员在交际过程中直截了当,所以误会和冲突很容易发生。

(五)民族文化、区域文化与阶层文化

文化还可以分为民族文化、区域文化与阶层文化。

具体来说,民族文化是指世界各个民族在自身的发展过程中所创造的具有民族特色的文化,也是该民族历史传承的纽带。

区域文化是指不同地区由于地理环境与位置的差异而形成带有明显区域特征的文化。

不同阶层的职业和社会分工不同,其生活方式、文化活动等也会存在差别,因此就形成了各种各样的阶层文化。

(六)主文化与亚文化

根据共性与个性差异,还可以将文化分为主文化与亚文化。

主文化是指在一个社会中处于支配地位的文化,也称为"主流文化"。对一个社会来说,在不同的历史时期,其主文化会随时代的变迁而有所不同。

亚文化又称"副文化",是指在一个社会中处于次要地位的文化。以中国为例,中国是一个多民族国家,其中占人口比例大多数的汉族文化就是主流文化,其他少数民族的特色文化则是亚文化。

四、文化的功能

文化是一种非常复杂的社会现象,具有多个层面的功能。

(一)帮助功能

通过文化,人们可以正确地认识世界,这体现了文化的帮助功能。文化之所以能够不断发展,原因在于它能为人们展示一个预知的世界,帮助人们清楚地认知和了解身处其间的周围环境,从而在此基础之上通过恰当的方式与他人、社会、自然和谐交往,进而顺利地生存下去。

此外,文化还能满足人们的基本需求,这也是文化帮助功能的体现。文化从诞生开始就不断发展,现在已经渗透至人们生活的各个方面,成为人们的基本生活需求。现在,文化已经成了满足人们基本需求、派生需求以及综合需求的重要手段。

(二)育人功能

文化具有知识属性,文化代表着学习知识,文化人代表着知识人,可以说文化就是知识,是知识不断积累的过程。文化的知识属性也决定了文化的育人功能。

育人并非是指教育人,而是指改变人、培育人和提高人的水平。首先,文化促进人不断进化,借助文化,人们从愚昧走向了文明,走向了博学。其次,文化可以塑造人,人们总是在不断地学习各种文化知识,从而塑造自己的人格。最后,文化可以提升人的能力,通过学习各种知识,人的创造能力会有所提升,就会从体力劳动者转变为脑力劳动者。

(三)化人功能

文化具有精神属性,这也是区别人与动物的重要方式,文化的这种属性也决定了文化的化人功能,具体体现为两个方面。首先,文化是积极的、先进的,通过文化人们可以愉悦身心、启蒙心智,获得精神上的满足感和幸福感。其次,文化具有理论指导力、舆论向导力等,这些能有效满足人类的需求,成为人类的精神力量,推动着人类不断走向光明。

(四)规范功能

文化的一个重要作用就是要形成各种各样的制度规范来约束人们的社会行为,保证一个社会能够进行有序的运转和稳定的发展。随着社会生产力的不断发展,人类文明在演变的过程中逐步出现了各种规章制度,这些制度可以维护社会生产的有序进行。而如果社会成员的行为不能得到及时的引导和规范,社会就会陷入一种无序的状态。因此,文化的规范功能是保证社会有序发展的基本功能。

(五)经济功能

文化具有经济功能,这主要体现在两个方面。首先,文化可以直接推动经济的发展。文化能够开阔人们的视野,发展人的创造思维,提高人的能力,这些都对经济发展具有推动作用。其次,文化能直接创造经济效益。文化产业是经济产业的重要组成部分,由此可以将文化列为国民经济的一个重要产业,发展文化产业就是发展市场经济。

(六)整合功能

整合功能也是文化的重要社会需求功能。社会需要通过文化的整合功能维系自身的团结与秩序的稳定。具体来说,通过整合,可以协调文化内部各个部分之间的关系,使之形成一个和谐一致又联系紧密的整体。此外,同一个国家或同一个民族成员的制度、观念、行为等也需要规范,文化的整合功能恰好可以使这个国家或民族的成员能够对自己的国家或民族有一种归属感。通过文化对一个社会的不断整合,各个地区、各个民族的文化也互相融会贯通,从而达到加强民族团结,促进社会稳定与发展的目的。

第三节 什么是交际

人们每时每刻都在进行着交际,只要有人生存的地方,就有交际发生。本节就对交际这一活动进行具体探讨。

一、交际的定义

简单来讲,交际指的是人们相互交往和交流信息的过程。

汉语中关于"交际"的论述自古有之。《辞源》记载:"际,接也。交际,谓

第一章　对语言、文化与交际的认识

人以礼仪币帛相交接也。"在古代,"交际"一词指的是人与人的接触往来。

《现代汉语词典》中对"交际"一词的定义为:"社会上人与人的交际往来。"

英语中与"交际"一词相对应的表达是 communication,其词根 commonis 的意思是"共同"。关于 communication 的翻译,国际政治界将其译为"交流",交通、通信界将其译为"交通""沟通""通信",新闻界将其译为"传播"。

《朗文当代英语辞典》对 communication 的解释是:"Communication is the process by which people exchange information or express their thoughts and feelings."(交际是人们交流信息或表达彼此的思想感情的过程。)

关于交际的定义,至今并没有统一的说法,目前基本形成了两个流派,即"说服"派和"共享"派。"说服"派认为,"交际是信息传播的过程";"共享"派认为,"交际是信息共享的过程",即少数人享有的信息转化为多数人共有信息的过程。[1]

二、交际的分类

交际是人类活动中的一种基本形式,是以人为中心进行的,其大致包含两种类型:一种是人际交际,另一种是非人际交际。人际交际中信息的发出者与接收者都是具体的人。根据交际对象,非人际交际又可细分为两种:人与自然的交际和组织与大众的交际。

但无论是哪一种类型的交际,交际的媒介都不外乎语言和非语言两种。因此,交际形式可用图 1-2 来表示。

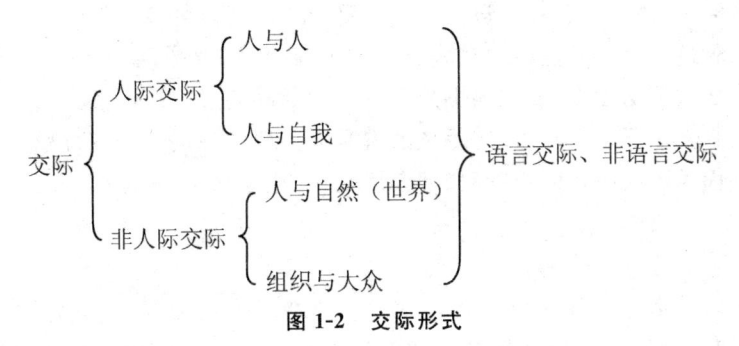

交际 { 人际交际 { 人与人 / 人与自我 } 非人际交际 { 人与自然(世界) / 组织与大众 } } 语言交际、非语言交际

图 1-2　交际形式

(资料来源:陈桂琴,2014)

---

[1] 陈俊森,樊葳葳,钟华.跨文化交际与外语教育[M].武汉:华中科技大学出版社,2006.

三、交际的构成要素

从本质上说,交际的过程就是信息传播的过程。这个过程带有动态性,是由相应的要素构成的完整系统,具体包含以下几个方面。

(一)传播要素

1. 传播者

传播者指的是具有交际意向和需求的个体,也就是信息的发出者。交际意向指的是传播者想要和他人分享自己的信息。交际需求指的是通过分享,传播者想要得到他人认可的个人需求,以及改变他人态度、行为的社会需求。

2. 信息

信息是编码的结果,是交际者的内心所思所想的具体写照。在面对面的交谈中,信息包括语码、非语言信息以及交际环境信息等。信息具有独特性和唯一性,当接收的信息方式以及发生的情景不同时,即使同一条信息,其表达的意思也会有所不同。

3. 编码

编码指的是语言的组合,是传播者在社会、文化、交际规则的影响下,通过借助语言中的词法、句法进行语言选择、组合、信息创造的过程。

编码过程的必要性体现在人思想的复杂性,需要借助一定的符号进行传播。从这个角度上说,编码也是个体心理活动的过程。

在跨文化语言交际中,传播者的编码需要使用一定的语言符号,而且其编码过程需要在一定的规则(如社会规则、文化规则)下进行。

4. 通道

通道是指连接信息及其接收者之间的物理手段或媒介。随着科学技术的不断发展,信息传播的通道越来越丰富,如面对面交谈、电话沟通、短信、邮件等。由于跨文化交际带有众多交际要素的参与,如文化、交际者生活环境、交际环境等,因此面对面是最有效的沟通方式,能够促进信息的传达。

第一章　对语言、文化与交际的认识

(二)接收要素

1. 接收者

接收者和传播者相对,指的是信息的接收方。接收者对信息的获取是在主观作用下进行的,也就是接收者有目的地等待或者有意识地察觉信息源,从而做出反应,建立与传播者之间的语言联系。但是,有意识的信息接收并不是绝对的。接收者对信息的获取也可能是在无意识或者偶然的条件下进行。

无论是何种情况,接收者都是通过听觉或者视觉渠道刺激进行信息接收的。在跨文化交际过程中,信息的传播者和接收者属于不同的文化背景,因此信息接收的途径较同文化沟通更加复杂。

2. 解码

信息接收者将言语或非言语的符号转化为可理解意义的过程就是解码。跨文化交际中的解码指的是接收者对信息进行翻译并对传播者语言行为进行观察,从而在此基础上理解语言符号以及语言背后的文化信息。跨文化交际中的传播者和接收者来自不同的文化背景,因此解码过程需要进行文化过滤。也就是说,接收者需要利用自身的文化代码系统处理接收的文化信息。如果接收者不了解信息传播者的文化和语言,就容易导致交际失误的产生。

施拉姆提出的交际模式形象地表达了信息传播者与信息接收者在交际时编码和解码的过程,如图 1-3 所示。

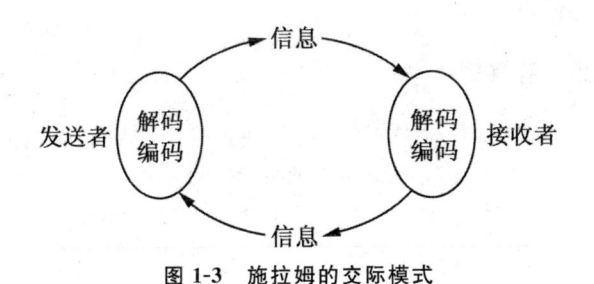

图 1-3　施拉姆的交际模式

(资料来源:陈俊森、樊葳葳、钟华,2006)

3. 反馈

反馈是指接收者在接收信息之后做出的反应。反馈行为可以通过不同方式展现,如回答、评论、回应、质疑等。反馈反映着交际的成功与否,也是判断交际有效性的重要标准。交际者可以通过反馈了解自己是否有效传达了信息,也能依据反馈来调整自己的行为。当接收者对传播者的语言信息有所反应并符合传播者预期时,这个交际行为就是有效的,反之则无效。

4. 语境

交际发生的情景和场所就是语境。通过交际语境,人们可以对交际的内容和形式有一个更深层次的理解。如果人们了解了交际即将发生的语境,就能在一定程度上预测将要发生的交际。

四、交际的特点

交际是一个十分复杂的过程,了解交际的特点可以更加深入地了解这一过程。具体而言,交际的特点包含以下几个方面。

(一)交际具有符号性

符号指的是人们用来标记指称对象的形式,是人们进行交流和沟通的重要媒介。在人类的交际过程中,最基础的交际符号指的是语言。交际的符号性是其最基本的特征,这主要是因为交际的进行需要依赖于一定的符号载体。符号可以是语言的,也可以是非语言的,它可以是任何一个有代表意义的词语、物体和行为。每一种文化中的人们都使用符号,却赋予符号不同的含义,这就使得符号的使用具有主观性,而且符号与它所代表的含义之间的关系具有任意性。

(二)交际具有目的性

交际是传播者在一定的交际目的下展开的交流活动。在人类的交往和生活过程中,人会有不同的交际意向和需求,因此交际目的也多种多样。在交际目的的影响下,交际者需要选择不同的语言形式进行表达,从而力图促进交际的进行。交际的目的和思维形式紧密相关。在语言交际之前,交际目的便作用于交际者,从而作用于之后的交际行为。

(三)交际具有双向性

交际的双向性指的是交际主体之间的相互作用关系,这种双向性的存在使得交际和一般传播活动相区别。例如,个体进行电视、广播活动都是一种单向信息传播方式,有着明确的传播主体和传播客体。

在具体的交际过程中,交际者需要不断传播信息与接收信息,因此交际的主客体角色不断转变。参与交际的个体都可以是交际主体,也可以是交际客体。

(四)交际具有不可逆转性

交际信息只要发出,就会被信息接收者接收并赋予意义,从而不可逆转,无法收回,只能加以修改。因此,在交际中,交际者要注意自己无意识的言行,以免对交际产生负面影响。

(五)交际具有系统性

交际是在庞大的系统中进行的,这一系统包括交际发生的场景、场所、场合、时间以及参与的人数。

交际一定会发生在特定的场景中,人们的言行以及符号所代表的意义都受场景的影响。

交际的场所对人的交际行为做出了规定,在不同的场所,人们的交际行为有着不同的特点。

交际场合也影响交际者的行为,每一种场合都有其相适应的行为模式,但在不同文化中,所规定的行为模式又各不相同。

任何交际都发生在一定的时间区间,如一般的谈话和演讲所持续的时间长度会不同。因为时间对于交际的影响作用并不明显,所以常常被忽略。

交际过程也会受到交际参与人数的影响,同一个人讲话和与一群人讲话时的行为和感受是存在差异的。

(六)交际具有社会性

社会性是交际的本质特征。具体来说,交际的社会性体现在以下两个方面。

首先,交际的社会性体现在交际者是社会中的一员,主体能够在思维的作用下辨认、理解、使用语言符号,从而达成自身的交际目的。跨文化交际中,交际主体的文化背景不同,因此其社会性特征体现得更加明显。

其次,交际活动的进行对于社会的发展与进步也有着重要影响,从而使得不同的组织群体出现。社会的发展是从初级向高级不断演进的,人们的生活范围也从居住地向全球范围内扩展,这些变化和交际活动的进行有着密切关系。从这个意义上说,交际活动能够促进社会发展,跨文化交际更是如此。

第四节　语言、文化与交际三位一体的关系

　　语言、文化与交际三者密切相连,形成了紧密的三位一体关系,共同作用于跨文化交际过程。

　　首先,语言具有文化属性。人类创造了语言,通过语言的记录与传播功能,历史和文化得以传承。语言是依托于文化存在的,语言与文化相互促进,共同发展。

　　其次,文化影响语言与交际。交际要在文化这一大环境下进行,并且以语言为载体。在具体的交际过程中,人们利用语言进行思想的传播、信息的交流,整个语言与交际的过程都会受到具体文化环境的影响。

　　最后,交际是语言与文化传播的重要媒介。语言与文化的传播离不开交际的作用。在人类的相互交往过程中,会形成一定的语言使用能力与文化感悟能力。但是当个体没有具体的交际活动时,这些语言能力和文化感悟能力便没有用武之地。

　　总体而言,信息传播的过程离不开文化的环境与交际的渠道。交际既对语言和文化有着一定的依赖作用,又促进了语言与文化的传播与发展,三者处于三位一体的关系中。

一、语言与文化

　　语言与文化有着复杂的关系,仅从单一的角度进行分析难免有失偏颇,下面就从辩证的角度对二者的关系进行分析。

　　(一)交叉关系

　　社会语言学家哈德森(Hudson)认为语言和文化是一种交叉关系,并指出语言是人们通过观察他人行为或直接学习的方式得来的知识。根据这一观点,哈德森还将文化分为以下三类。

　　(1)通过观察学习到的知识。
　　(2)通过直接学习和体验获得的知识。
　　(3)人类共享的普遍认同的知识,不需要互相学习即可获得。

　　哈德森指出,语言并不全都是从文化中获取的,部分语言形式是个体通过直接学习或自身经验获取的,因此语言与文化的交叉部分是个体从他人那里习得的语言形式。

第一章　对语言、文化与交际的认识

(二)互促互进关系

语言与文化的关系十分复杂，但是从整体上说二者处于互促互进的关系中。

(1)语言促进文化的发展。语言是由人创造、使用、发展和完善的，它的产生又使人有了文化。语言的这种功能也确定了其文化属性，语言被称作文化的载体，是反映民族文化的一面镜子，二者既密切联系，又互相区别。文化的创造离不开语言，文化的变化和发展也不能与语言的变化和发展割裂开来，文化从一开始就与语言密不可分。

(2)文化推动语言的革新。社会文化的发展同样也会对语言的革新有着重要的推动作用。在文化发展的前提下，语言体系才能不断进行完善与丰富，如果没有文化的发展作为前提，语言则会成为无水之鱼，无法进行革新。例如，社会新词的出现就是文化发展在语言上的集中体现。

二、交际与文化

交际与文化也有着重要的相互作用关系。交际的进行需要交际者考量交际对方的文化背景，从而选择合适的语言形式。下面对文化对交际的影响进行总结。

(一)文化对交谈模式的影响

文化对交谈模式有着显著的影响作用，文化不同，交际模式也会不同。因此，为了保障交谈的顺利进行，交际者需要掌握一定的文化交谈模式。

1. 何时讲话

对于何时讲话这一问题，文化背景不同，其规则也不相同。例如，英国人十分重视个人隐私，因此在公共场合，他们也不会通过与陌生人交谈来打发时间。而我国在集体主义的影响下，对个体隐私并不是十分重视，人们愿意与陌生人进行交谈。

2. 话题的选择

话题的选择对于交际的顺利进行起着重要的作用，文化背景不同，话题选择也会不同。例如，中国人习惯在交际中谈论各自的家庭、薪金、教育等情况，而这些在西方国家都属于隐私的范畴，在交际中是不会拿来分享的。因此，在具体的交际过程中，交际者需要谨慎选择话题，考量交际对方的文化背景。

3.话轮转换

话轮转换指的是在交际中交际双方不断转换交际角色,即在说话者和受话者之间的转换。具体来说,话轮转换的规则包括以下三种情况。

(1)当前说话人指定下一位说话人。

(2)在当前说话人未指定说话人时,会话者可以自选,但自选并不是必需的方式。

(3)当前说话者未指定说话人,同时会话者没有自选时,当前说话者可继续交际,但并不是必须。

当文化背景不同时,话轮转换也不相同。例如,日本人在交谈时,话轮的转换需要交际者等待适当的时机,美国人则喜欢直接进行话轮转换。

(二)文化对交际风格的影响

交际风格也深受文化的影响,具体体现在以下两个方面。

1.直接交际风格与间接交际风格

交际风格有直接交际风格和间接交际风格之分。直接的交际风格指的是在交际过程中直接表达自身的见解。间接的交际风格指的是通过迂回的方式表达自身的观点,往往具有含蓄性。例如,我国受儒家思想的影响,在交际中力图保全交际对方的面子,语言选择上尽量礼貌委婉,多用间接的表达方式。而西方人习惯直截了当,在交际过程中多采用直接表达的方式。

2.个人交际风格与语境交际风格

交际风格还有个人交际风格和语境交际风格之别。个人交际风格主要强调在交际中凸显交际者个人的身份,在语言选择上倾向于使用第一人称。语境交际风格指的是根据具体语境和交际对象来选择语言。例如,在英语中无论是对长辈还是师者,都一贯使用第二人称代词you,而汉语中则习惯使用"您"来表示尊称。日语中会根据语境交际风格来使用不同的敬语形式等。

三、语言与交际

语言在一定程度上就是交际,在交际中发挥的作用不可替代。语言和交际联系紧密。

第一章 对语言、文化与交际的认识

在人类使用语言进行交际时,需要综合不同因素表达具体的含义,从而完成交际行为。语言能够通过排列组合创造出数量庞大的语言形式,还具有无限的理解功能,这一点是动物甚至计算机都无法比拟的。

正是由于句子数量无限性的特点,在进行交际过程中就提高了理解的难度。为了更好地理解句子,语言学家制订了一系列的语言使用规则,使得语言按照一定的语法程式进行运作。语言交际的过程如图1-4所示。

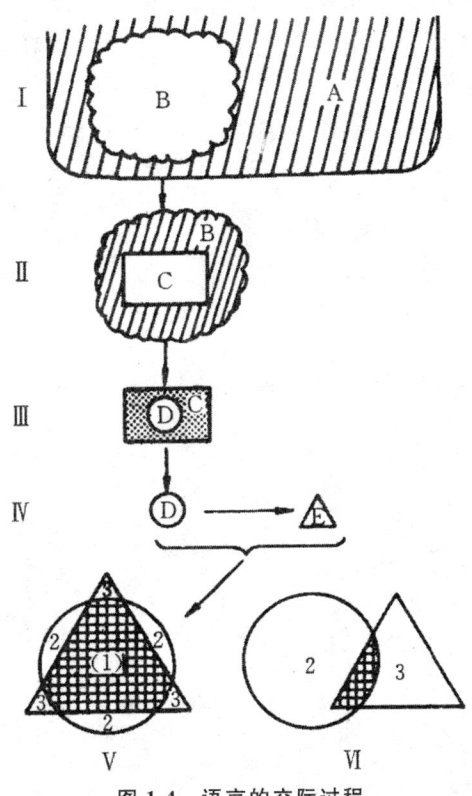

图1-4 语言的交际过程

(资料来源:陈俊森、樊葳葳、钟华,2006)

图中的字母分别表示如下含义。

A:代表人类世界。

B:代表人运用五感所能捕捉到的世界部分。

C:代表在人类五感的作用下,说话人所注意到并将之用于交际的部分。

D:代表在C的范围内,说话人语言表达的部分。这种语言表达带有抽象性与局限性。

D和E的重合形成了第V阶段。在这个阶段,数字1代表的是说话人传递出去的信息,2代表的是说话人未传递出的信息,3代表着说话人未表达,但是听话人所了解的部分。

在实际交际过程中,语言环境具有复杂性,因此如果无法列出所有的交际范围,也就无法进行十分系统的设定。只有交际者了解了一定的语言规则,同时具备灵活的交际技能才能促进交际的顺利进行。

总体而言,交际是一个动态的信息传递过程。在信息传递过程中,文化是信息传递所依托的环境,语言和非语言是信息传递的重要渠道。交际既依赖于语言和文化,又促进语言和文化的习得和传播。[①] 语言的使用反映了人们的价值观念、生活方式和思维习惯,而社会文化的发展变化是语言赖以生存和发展的基础,交际则是联系语言和文化的纽带。因此,语言、文化与交际之间是一种水乳交融、不可分割的三位一体关系。

---

① 张红玲.跨文化外语教学[M].上海:上海外语教育出版社,2007:84.

第二章　对跨文化交际的认识

当今时代，全球经济一体化进程不断加速，这使得不同国家、民族、地区在各领域的交往日益频繁。在此背景下，跨文化交际学科应运而生。对跨文化交际进行研究，有利于更好地满足跨国际交往与人际交往的需要。本章研究跨文化交际的相关内容，包括跨文化交际的内涵与模式、跨文化交际意识、跨文化交际能力以及跨文化交际的主要理论。

第一节　跨文化交际的内涵与模式

一、跨文化交际的内涵

在英语中，intercultural communication 或 cross-cultural communication 均可以指跨文化交际，这两个词由跨文化交际学的奠基人、美国人类学家霍尔（Hall）在 *The Silent Language*（《无声的语言》，1959）中提出，指"旅居海外的美国人与当地人之间的交际"。

后来，跨文化交际所指的范围逐渐扩大，用于指"不同文化的人之间的交际"。

人们普遍认为，跨文化交际是指具有不同文化背景的人通过语言、信号、文字形式进行的思想、信息交流。

具体而言，跨文化交际的内涵涉及以下几个要点。

（1）交际双方的文化背景不同，具体涉及来自不同的文化圈；来自带有文化差异的同一文化圈内部。

（2）交际双方使用同一种语言进行交际。这种语言可以是一个交际者的母语、另一个交际者的第二语言。

（3）交际双方进行交际的方式多样，如利用语言符号进行交际；利用非语言符号（如演出、画报、影像等）进行交际；采用单向交际方式，如广播、广告、电视等；采用双向交际方式；采用书面交际形式；采用口头交际形式等。

二、跨文化交际的模式

很多学者针对跨文化交际的过程、性质、效果等提出了一些模式。

关世杰基于施拉姆的交流模式,对跨文化交际过程进行了描述,形成了自己的跨文化交际模式,如图 2-1 所示。

他将跨文化交际分为三个过程:编码、通过渠道传递和解码。编码和解码是在不同文化的码本中实现的。

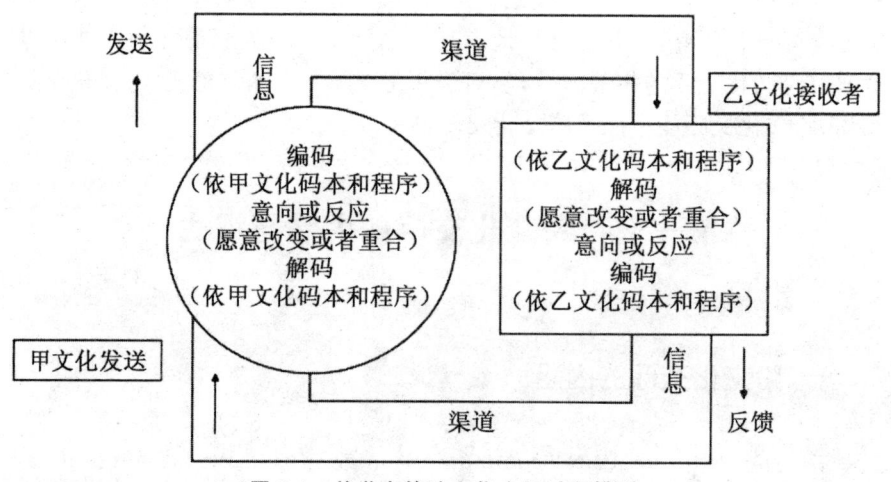

图 2-1 关世杰的跨文化交际过程模型

(资料来源:付岳梅、刘强、应世潮,2010)

根据图 2-1 可知,甲文化发送者将所要发送的信息依甲文化码本和程序进行编码,通过信息渠道传送给乙文化接收者。乙文化接收者依据乙文化码本和程序来对信息进行解码。不同的文化既有相同之处,也有不同点。所以,解码所获得的信息意义与原信息意义可能会有重合,也可能会发生一定的变化。乙文化接收者基于这些信息形成意向或做出相应的反应,并结合乙文化码本和程序将意向或反应进行编码,将结果反馈给甲文化的发送者。

根据图 2-1,跨文化交际是一个不断循环的过程,信息发送者与接收者的角色处于不断互换中。

关世杰提出的跨文化交际模式体现了跨文化交际的过程及不同文化码本对这一过程的影响,但是该模式是从传播学的角度出发的,主要关注交际过程,并没有涉及跨文化交际的要素与结果。

卡里·多德(Carley H. Dodd)从文化学者的角度提出了跨文化交际模

第二章　对跨文化交际的认识

式,具体对跨文化交际的过程与模式进行了分析,如图 2-2 所示。

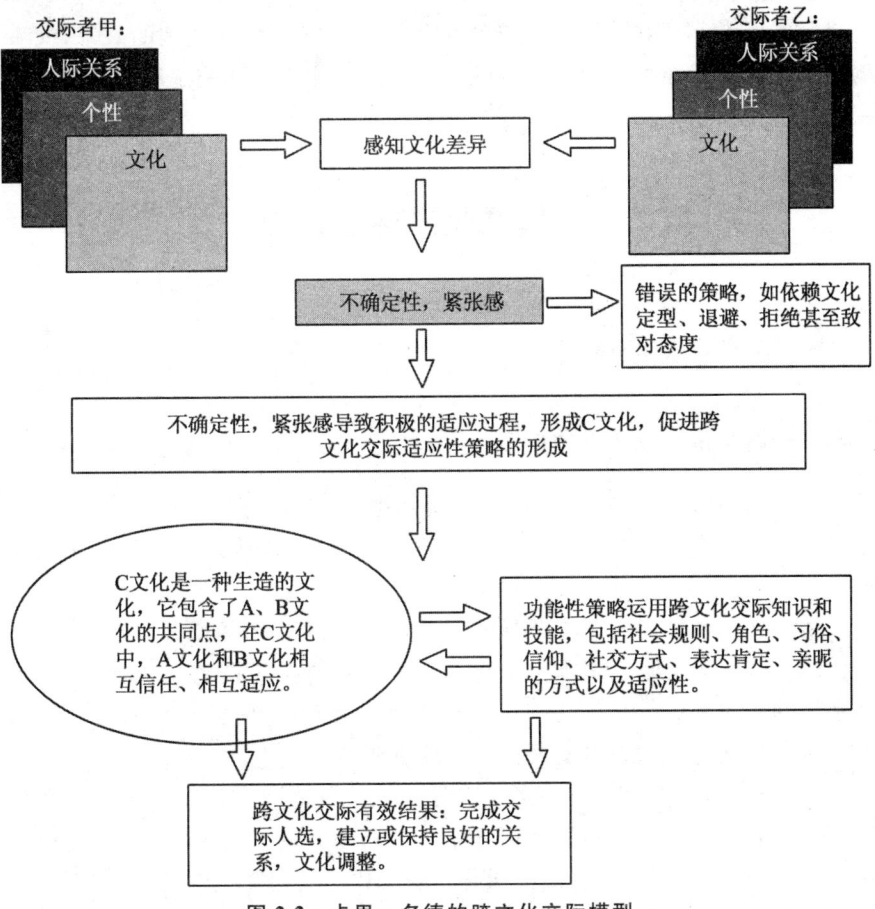

图 2-2　卡里·多德的跨文化交际模型

(资料来源:付岳梅、刘强、应世潮,2010)

根据卡里·多德的模式,交际差异的来源不仅仅限于文化,人际关系与性格对"感知文化差异"也会产生影响。在跨文化交际中,除了要对交际者的文化共性进行关注,还要考虑个别差异。由于存在"感知文化差异",交际过程中出现不确定性与紧张感的情况经常发生。若交际者太依赖文化定型,或采取退避、拒绝甚至敌对的态度对待其他文化背景的交际者,交际活动可能会失败。若交际者选择恰当的交际策略,以包容态度面对不同文化背景的交际者,能帮助建立一种基于交际双方共同性的第三种文化,也就是C文化。C文化的建立使得交际双方可以基于一定基础而采用合适的交际策略,正确运用相关交际知识与技能,使交际更有效。而且,良好的交际效果对于C文化的范围起着拓展作用,使A、B文化的交际者在更加广阔的领域中达成统一的认识,从而形成良性的互动。

根据上面的分析可知,卡里·多德的跨文化交际模型既涉及影响跨文化交际的因素、交际的过程、简单的交际策略和交际所应达到的效果,又有助于跨文化交际能力的界定、交际过程的控制、交际策略的选取以及交际结果的评价。

第二节　跨文化交际意识与能力

一、跨文化交际意识

(一)跨文化交际意识的内涵

意识引领人类的行动,在跨文化交际中,交际者拥有跨文化交际意识,才能自觉按照跨文化交际的规则去理解对方的行为,从而促进跨文化交际的顺利进行。

由于文化差异以及个体差异的存在,因此交际中人的思维与观念也不尽相同。跨文化交际意识承认世界的多样化并尊重不同的文化形式,主张在平等的基础上进行文化间的沟通与交流。因此,了解并具备跨文化交际意识对于当代社会和人的发展而言十分重要。

在跨文化研究过程中,跨文化交际意识主要体现在认知方面。跨文化交际意识通过作用于人的思维指导个体的行动。同时,跨文化交际意识带有文化属性,需要交际者主动去探寻自身文化与其他文化的特征,从而提升在跨文化交际中的理解能力与交际能力。具体来说,跨文化交际意识包含以下三个方面的内容。

(1)理解文化差异。
(2)接受文化差异。
(3)能够处理文化差异。

世界文化是平等的,并没有优劣之分,交际者需要具备一定的跨文化交际意识,敏锐地察觉到不同文化间的差异,从而科学有效地处理跨文化交际中出现的问题。

(二)跨文化交际意识培养的目标

跨文化交际意识培养的目标主要包括以下几个方面的内容。
(1)交际者具备获得外国文化信息的能力。

第二章 对跨文化交际的认识

(2)交际者具备良好的文化理解能力。
(3)交际者能对外国文化做出客观的评价。
(4)交际者具备进一步学习外国语言和文化的能力。
(5)交际者具有较强的交际能力。

(三)跨文化交际意识培养的内容

跨文化交际意识的培养是一个循序渐进的过程,具体应该包含以下几个方面的内容。

(1)学习文化词汇。
(2)学习文学典故。
(3)了解价值观念。
(4)熟悉节庆假日。
(5)规范社交往来。
(6)重视非言语交际。

(四)跨文化交际意识培养的过程

跨文化交际意识的培养包括四个层次,具体的步骤如下。

1. 跨文化交际意识的四个层次

跨文化交际意识可以分为以下四个层次。

(1)旅游者心态

在形成跨文化交际意识的初期,交际者会产生一种旅游者心态。这种心态的特点是交际者从自身文化的角度去观察其他文化,对文化实物的认识停留在表面阶段,不了解不同文化事物间的内在联系。交际者在这一层次容易产生模式化的文化认知,将个别文化现象当作普遍现象,并认为其是文化的本质。一些交际者会受到文化偏见、文化优越感、文化模式化的影响。

(2)文化休克

当跨文化交际者开始接触不同文化时,由于不了解异域文化,并且不能适应新的文化形式,便有可能在交际中出现一定的误解与冲突现象。一些交际者在经历了一系列的困难之后,会选择对异国文化进行逃避与对抗,从而产生一种文化休克。文化休克使得交际者有着强烈的不安感和抗拒感。

(3)理性分析与愿意适应

在经历了一段时期的文化休克之后,交际者提高了跨文化知识,同时跨文化交际的频繁也使得交际者熟悉和接受新的文化环境,这时就会对新的文化进行理性分析,并从主观上愿意适应新的文化形式。

(4)主动了解和自觉适应

跨文化交际意识的第四个阶段是交际者主动了解和自觉适应新的文化形式,并能够利用更多的时间和精力去发掘文化事物产生的原因,也就是对文化冰山下的社会状况、价值观念等进行主动察觉。这个阶段是跨文化交际意识培养的较高层次,交际者已经熟悉并能理解新的文化与交际对象,并从主观上愿意改变自己的意识,主动适应和接受新的文化。

2.培养跨文化交际意识的步骤

了解了跨文化交际意识的四个阶段以后,借鉴西方跨文化交际意识的研究成果并结合我们自身的实际情况,对跨文化非语言行为的理解需要交际者首先了解自身的非言语交际行为,这样才能在脑海中进行非语言行为的对比和分析活动,从而正确理解交际信息。

二、跨文化交际能力

(一)跨文化交际能力的内涵

"跨文化交际能力"指的是针对跨文化交际过程中出现的关键性问题,如文化差异、文化陌生感、文化内部态度、心理压力等的处理能力。在具体的跨文化交际实践中,跨文化交际能力体现在得体性和有效性两个方面。

跨文化交际能力的得体性(appropriateness)包括以下几个方面。
(1)符合目的语文化的社会规范。
(2)符合目的语文化的行为模式。
(3)符合目的语文化的价值取向。

跨文化交际能力的有效性(effectiveness)主要指的是能够实现交际目标。

跨文化交际能力带有内在性,可以由交际者有意识地进行知识输入,并利用一定的语言技巧在跨文化交际的行为中得到体现。

施皮茨贝格(Brain H. Spitzberg,1994)认为,跨文化交际能力是"遵循(语言)对环境和关系的适应性规则,并且能使交际目的得以实现的能力"。

凡蒂尼(Fantini,2000)对跨文化交际能力的阐述如下:"Because the notion of intercultural communicative competence (or intercultural competence or IC for short) is fairly new, a special focus issue of SIETAR's International Journal of Intercultural Relations and a subsequent endeavor gathered studies on just this topic."

(二)跨文化交际能力的组成

英国学者拜卢姆(M. Byrum)等人主张,跨文化交际能力应该包含以下几个方面的内容。

1. 态度(Attitude)

态度是跨文化交际能力的重要组成部分,指的是交际者对于目的语文化的看法,尤其体现在对自身文化与目的语文化不同之处的态度上。在跨文化交际中,交际者应该对交际对方采取积极的态度,同时保持自己的好奇心,利用开放的心态认识自身的民族文化。

2. 知识(Knowledge)

跨文化交际能力中的知识既包括本人与交际对方国家与民族的社会文化知识,也包括在具体交际过程中根据需要运用社会文化准则与控制交际进程的知识。

3. 技能(Skills)

技能是跨文化交际能力的重要方面,首先指理解、说明并建立两种文化间关系的技能,其次包括发现新信息并在交际中使用的技能。

金姆(Kim)是跨文化交际领域的杰出学者,他综合运用社会心理学、应用语言学、社会学的方式将跨文化交际能力的内容总结为以下内容,如图2-3 所示。

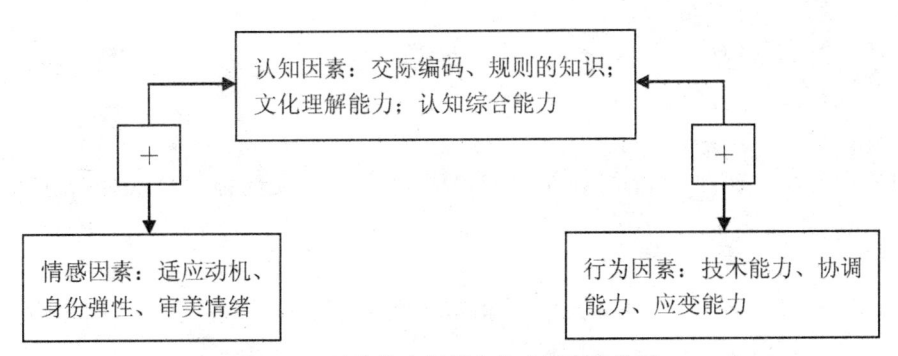

图2-3 跨文化交际能力构成要素的关系

(注:"+"表示正相关)

(资料来源:张鑫,2012)

在图 2-3 中,箭头和"＋"表示的是不同因素之间的相互作用关系,一个因素的变化会影响其他因素,造成因素的概念。当个人的交际知识丰富之后,交际动机就会增加,直接提高了交际活动的次数与积极性。这种积极主动的交际参与又会增加交际者的交际经验,从而使交际者学习到更多的交际知识,如此形成良性的交际循环模式。具体来说,金姆主张将跨文化交际能力的构成分为认知能力要素、情感能力要素和行为能力要素三个方面。这三个方面又包含不同的能力要点。

认知能力要素包含以下几个能力要点。

(1)掌握目的文化的交际体系。

(2)文化理解。

(3)认知综合能力。

情感能力要素包含以下几个能力要点。

(1)适应动机。

(2)身份弹性。

(3)审美情趣。

行为能力要素包含以下几个能力要点。

(1)技术能力。

(2)协同一致能力。

(3)应对变化的策略能力。

学者布莱恩(Brian Sptizberg)认为跨文化交际能力主要包括知识、动机和技巧三个方面。

在《语境中的跨文化交际》一书中,学者朱迪思·马丁(Judith Martin)和中山(Thomas K. Nakayama)认为跨文化交际能力包括以下四种要素。

(1)知识要素。

(2)情感要素。

(3)心智活动特征。

(4)情境特征。

但是,笔者认为需要对其进行扩展,将跨文化交际能力概括为四个部分:言语交际能力(verbal communicative competence)、非言语交际能力(nonverbal communicative competence)、跨文化适应能力(competence of cultural adaptation/adjustment)、语言规则和交际规则的转化能力(competence of transformation of two rules)。

(1)言语交际能力。在跨文化交际能力中,言语交际能力是其基础与核心部分,主要包括以下几方面的内容。

第一,语法知识。

第二章 对跨文化交际的认识

第二,语言概念意义和文化内涵意义的了解与运用能力。

第三,语言运用的正确性。

第四,语言运用的得体性。

言语交际能力并不单单指交际者具备扎实的语言知识,还要求交际者能够根据具体的交际语境来使用语言知识。

(2)非言语交际能力。非言语交际能力在交际行为中也有着重要的影响,不仅能够辅助言语交际的进行,对于交际问题与障碍的化解也大有裨益。具体来说,非言语交际能力指的是言语交际之外的一切交际行为与方式,包括以下几个方面。

第一,体态语,如身体的动作、接触等。

第二,副语言,如非语言的声音、沉默等。

第三,客体语,如服饰、妆容、肤色等。

第四,环境语,如空间信息、领地观念、时间信息、颜色等。

由于跨文化交际的进行,非言语交际的作用越发为人们所了解,因此重视非言语交际,并在交际中重视不同文化背景下的非言语交际方式十分重要。

(3)跨文化适应能力。跨文化适应能力指的是交际双方对对方文化的适应能力。在跨文化交际实践中,跨文化适应能力的表现具体包括以下几种情况。

第一,能够克服文化休克障碍。

第二,能够正确认识和了解跨文化交际对象。

第三,在交际中能够调整自身的行为方式、交际规则。

第四,能够适应新的交际环境,并能在其中展开生活、工作与交际。

第五,能够被新的文化交际环境所接受。

(4)语言规则和交际规则的转化能力。语言规则和交际规则的转化能力是跨文化交际能力的重要体现。

语言规则指的是语言的具体规则体系,如语音、词汇、语法等。交际规则,顾名思义就是指导交际进行的行为准则。任何交际行为都包括言语交际行为和非言语交际行为准则。

在交际中,交际者需要具备扎实的目的语语言规则,还需要学习母语与目的语转换的方式,从而规范自己的言语表达。针对跨文化交际中的文化问题,需要交际者对比与总结目的语与母语文化在思维、风俗、价值观方面的不同点,从而进行规则的转换,促进交际的顺利进行。

(三)跨文化交际能力的培养

上述了解了跨文化交际能力的相关知识,懂得了其在跨文化交际中发挥的重要作用。下面对跨文化交际能力的培养要点进行总结。

1.了解文化差异

人类文化虽然带有一定的共性,但是其差异性却是主要的部分。了解文化差异是培养跨文化交际能力的首要步骤。中西方在具体交际过程中,在问候方式、称呼方式、时间观、价值观、隐私观等很多方面都带有差异性,这些差异的存在直接影响着跨文化交际的进行。交际者应该在尊重不同文化的基础上,正确了解和处理这些差异才能保证跨文化交际的顺利展开。

虽然文化的内涵十分丰富,但是从根本上说,文化主要包括知识文化和交际文化两个部分。知识文化具体指的是文学、哲学、政治、经济、历史、科技、艺术成就在内的所有知识。交际文化是指思维方式、社会习俗、行为准则和生活习惯等方面。交际能力是知识文化与交际文化的结合,不仅要求交际者具备一定的语言能力,还要求交际者有着灵活的语言使用能力。因此,交际者需要在掌握自身文化与目的语文化差异的基础上,根据具体的语境进行跨文化交际行为。

2.发展跨文化技能

了解文化差异是发展跨文化技能的保证,具体包含以下几个方面。
(1)扫除民族中心主义和思维定式的障碍。
(2)在具体的跨文化交际中,培养自身灵活处理交际情景的能力。
(3)进一步加深对目的语文化的认识,了解目的语文化现象的深层原因,掌握其内在规律。

3.提高文化认同度

对我国传统的英语教学模式下的学生进行观察,可以发现很多学生都具有生成正确的语言表达的能力,其表达却并不是十分"地道"。归根结底,是因为学生的语言表达忽视了语言中的文化因素,加之交际双方的文化认同感不高,从而很可能造成跨文化交际的失败。文化认同指的是个体对自身文化与所依附的文化群体产生的归属感,并在此基础上获取个体文化,同时对其加以保留与丰富的社会心理过程。文化认同感主要体现在以下几个方面。

第二章 对跨文化交际的认识

(1)认同不同的社会价值规范。
(2)认同不同的风俗习惯。
(3)认同不同的语言。
(4)认同不同的艺术。

随着国家、地域之间的沟通与合作日益密切,各民族之间的关系也越加紧密。社会的发展使自身的文化得以传播与发展,同时和其他国家密切的沟通也在潜移默化中促进文化的融合与交流。

在这个过程中,人们开始对自身所处的文化群体与异族文化进行对比与分析,并产生一定的认知与见解。跨文化交际的进行需要不同文化背景下的交际者找到共同的交际话题,并放弃或者变革自身的固有看法与观念,从而达到求同存异的目的。但是,这并不是说要彻底放弃自身的文化。交际者还需要加强文化的自觉性,树立跨文化交际的意识,提升对本民族的认同感,从而在跨文化交际中确保本民族的生存与发展权利,并积极进行本民族文化的宣传。

提高文化认识度表现出人类对文化内涵产生的共识与认可,因此是跨文化交际活动中重要的语用原则。鉴于此,教师在跨文化交际能力培养过程中应该充分让学生了解中华的优秀文化,引发学生的民族自尊心、自豪感,并能使学生使用英语进行中华文化的表达,推动我国优秀文化的传播。同时,提高文化认同度还能够防范民族中心主义在跨文化交际中的不良影响,帮助学生使用理性的思维模式去看待不同的文化。跨文化交际的过程也是交际者定位自身文化、适应多元文化的过程,是跨文化交际顺利进行的重要前提。

4.处理文化间的认知关系

跨文化交际能力培养中树立正确的认知体系还需要处理好文化间的认知关系,具体来说应该处理好本土文化与英语文化、英语功用性与人文性的认知关系。

(1)处理本土文化与英语文化的认知关系

在经济全球化的时代,英语作为一种通用语言在全世界范围内广泛应用。学者克里斯特尔(Crystal D.,1999)指出,英语作为世界通用语言主要包含以下两种含义:英语为全世界英语使用者所共同享有;英语中应该包含不同地域、文化特征的本土化的英语表达形式。

我国十分重视英语的学习,这不仅是我国学生了解世界的方式,也是利用英语让世界了解中国的有效途径。从这个意义上说,英语交流是一种双向互动的方式。但是,我国传统的英语教学主要是一种单向的知识灌输,忽视了对文化与交际的教学。同时,教学中主要是介绍英美国家的文化对中国社会文化产生的影响,忽视了中国传统文化的学习。

　　跨文化交际能力的培养需要教师正确处理本土文化与英语文化的认知关系。英语能力的欠缺,一方面是学习者语言基础知识不牢固,另一方面也反映了学习者文化知识的欠缺。这种文化知识的欠缺不仅是对西方文化的陌生,也表现在对本土文化的不了解。在跨文化交际过程中,如果交际者缺少对本土文化的了解,就可能在表达中国特有思想文化上产生困难,从而影响整个交际的进行。总之,处理本土文化与英语文化的认知关系可以从以下几个角度着手。

　　第一,重视母语与母语文化的学习。语言是民族特征的反映,蕴含着不同民族的历史与文化,也反映了不同民族的思维方式、生活方式和认知方式。汉语的学习使得人们形成了汉语思维方式,通过汉语文化的学习,能够传承与发扬本民族文化。承认中国英语存在的客观性,从而用于跨文化交际。英语是世界通用语言,不同的民族根据自身需要可以对英语进行变体,从而适应自身的需求。中国英语就是英语的重要变体之一。在使用中国英语的过程中,应该注意以下几个方面的问题:通过使用合乎英语语言规则的方式提高中国英语的可接受程度;在语言表达过程中要注意中国特色文化的凸显;针对交际中出现或可能出现的民族文化冲突,交际者要通过自己的解释让交际对方了解,从而顺利完成跨文化交际的任务。

　　第二,在跨文化交际能力的培养过程中应该处理好本土文化与英语文化的认知关系,平衡好英语教学中中国优秀文化与英语文化之间的比例关系。大学英语教学应该重视吸收西方文化的精华,也不能忽视利用中国英语达到对外宣传我国文化的作用。要充分发挥英语双向交流与沟通的作用,提高学习者的跨文化交际能力、文化理解能力,从而能够更加游刃有余地应对跨文化交际的实践。

　　(2)处理英语功用性与人文性的认知关系

　　语言是人类进行交际的工具,也承载着丰富的文化,体现了人类的文明程度。从这个意义上说,英语具有功用性与人文性双重特质。

　　英语的功用性主要体现在其认识世界、改造世界的功能以及交际功能上。英语人文性体现在其教化功能,通过英语能够进行文化的传承与教育,从而帮助学习者塑造良好的人格。学习者通过带有人文性的语言学习,在过程中能够获得一定的暗示与引导,提高自身的人文素质。英语的学习首先吸引人的是它的实用价值,现如今英语水平和学生的升学、毕业、留学、就业等息息相关,甚至在一定程度上能够体现出一个人的社会地位。

　　随着时代竞争性的提高,很多学习者都想通过英语来达成自身的实用

第二章 对跨文化交际的认识

目的。很多大学以此为教学目的,纷纷开设了英语实用类课程。虽然从短期看,实用性指导下的英语教学能够完成教学目标,对学习者的实用目的有一定的帮助。但是从长远看,实用性指导下的英语教学缺少英语的人文教学,学生的人文修养、人性的培养缺失,不利于学生精神层面的建设。实用性下的英语教学可以直观地通过考试来测试学生的语言知识与技能,却很难量化出学生的人文素养。跨文化交际不仅是学生知识与技能的挑战,同时需要学生具备一定的人文素养与文化底蕴。大学生跨文化交际能力的培养应该重视语言的功用性,并体现出语言的人文性。

5.帮助学生实现情感迁移

在大学英语教学中应该强化学生的文化性,实现跨文化交际层面的情感迁移。具体而言,包括以下几个方面的内容。

(1)对不确定性的容忍度。
(2)灵活性。
(3)共情能力。
(4)悬置判断的能力。

因此,顺利展开跨文化交际需要学生有了解异域文化的兴趣,同时还能够以积极、开放的心态对待异国文化。从这个意义上说,跨文化交际技能的培养首先就要从学生的情感体系入手进行。

不同的文化有着自身独特的历史发展缘由,因此是带有个体差异性的平等主体。

在跨文化交际能力的培养中,教师应该让学生了解不同文化的特点,从而帮助学生培养移情能力,让学生能够以平等的心态来对待外国文化与本国传统文化。具体来说,跨文化交际能力的培养者可以通过以下途径进行。

第一,帮助学生树立平等的意识,这是进行跨文化交际的基础。学生要了解到文化差异的存在,了解交际中出现误解与碰撞是正常的。同时这种文化的差异是可以理解与接受的,关键在于要如何处理文化差异。在跨文化交际的过程中,需要交际者在了解彼此文化的基础上尊重对方的文化,并能够宽容对待不同的文化,这样才能实现文化之间的交流与理解。跨文化交际的过程也是文化碰撞与交流的过程,跨文化交际能力的培养是在平等意识的基础上建立的。这种平等要求交际者既要保持自身文化的特点,同时还要进行文化的交流与融合,形成一种动态的文化平衡。

第二,培养学生的文化移情能力。文化移情指的是在具体的跨文化交际过程中,交际者能够站在交际对方的角度来思考问题,具备超越定式思维的能力,能够突破母语文化的约束,采用另一种文化角度进行思考。在跨文化交际能力培养过程中,文化移情是一种重要的沟通与交流方式。具体来说,文化移情主要包括以下两个方面的内容。

其一,语言语用移情,指的是交际者能够使用交际对方接受的话语来传达自身的交际意图。

其二,社会语用移情,指的是交际者能够自觉站到对方的立场,了解不同的文化习俗与文化特点。

文化移情体现出交际者的交际态度与文化价值观,直接影响着跨文化交际的进行。在跨文化交际过程中,交际者的文化移情能力强,就会灵活地避免文化冲突,摆脱定式思维的影响。培养学生的文化移情能力,需要注重对学生文化敏感性与宽容性的培养。例如,直接去英语国家生活;利用电视、电影、录像、书籍等增加对英语文化的认识。

具体来说,在文化交际实践中,实现移情一般需要经历以下六个步骤。
第一,承认文化之间的差异性。
第二,认识自我。
第三,悬置自我。
第四,体验对方。
第五,准备移情。
第六,重建自我。

第三节　跨文化交际的主要理论

跨文化交际的理论有很多,限于篇幅,这里主要介绍以下几个较具影响的理论。

一、意义协调理论

美国传播学大师 W. 巴内特·皮尔斯和弗农·克罗农(W. Barnett Pearce and Vernon Cronen)提出了意义协调理论(Coordinated Management of Meaning,CMM)。他们认为交际过程受到规则制约和指导,因此对于这一理论来说,规则显得尤为重要。

意义协调理论一般指"个体如何确立规则,创造和解释意义以及这些规

第二章 对跨文化交际的认识

则如何在交谈的意义协调中使用"①。这一理论提出的基础是哲学、心理学以及教育学的研究成果。

(一)意义协调理论的前提假设

意义协调理论主要对个人以及个人与他人的关系进行关注,同时阐明了个体如何把意义赋予某个信息。意义协调理论的前提假设如下。

1. 个人生活在交际中

皮尔斯指出,人类交际的重要性远远超乎人类的想象,人类是在交际中生活的。

根据意义协调理论的观点,社会情景具有互动性与创造性。正在进行社会交往的交际双方对谈话意义具有决定作用。在交际活动中,交际者是人际交往系统所必不可少的,与此同时人际交往系统能对每个交际者的行为与反应做出解释。交谈的现实是由个体所创造的,所以每一个互动都具有自身的特点。

皮尔斯和克罗农认为只有重新审视交际,在新的语境中理解交际,才能较好地理解人类行为。鉴于此,要先意识到交际的重要性。

2. 人类共同创造社会实在

社会实在,即"个体对意义和行为的理解与他人交际互动的符合程度"(严明,2009)。在交谈前,交际双方都有自身的交谈经验,在谈话过程中,双方是从不同的起点来进入交谈的,交谈结果将形成新的社会实在。可见,新的社会实在是由交际双方共同努力的结果。

3. 信息传递依赖于个人意义和人际间的意义

所谓个人意义,是指"个人在与他人互动的过程中,从个人自身经验出发所得到的意义"(严明,2009)。

个人意义呈现出明显的个体差异,这是因为其主要来源于人们过去与他人交往的经验。个人意义能帮助人们在交际过程中发现自己与他人相关的信息。如果互动双方对彼此解释形成统一的共识,即可获得人际间的意义。

人与人之间的关系复杂多样,因此人际间意义的获取需要经过一定的时间。一般情况下,交谈中的人们不假思索就能获得个人意义与人际间的意义。

---

① 严明.跨文化交际理论研究[M].哈尔滨:黑龙江大学出版社,2009:59.

(二)意义协调理论的总结

皮尔斯和克罗农的意义协调理论试图就交际者的内心情况展开探讨,研究交际者是如何对意义进行管理的。意义协调理论立足于交际,具有一定的启发性,这一理论对于人际交往具有指导性的意义。

意义协调理论存在很多优点,但也有自身的局限性。例如,戴维·布伦德斯对"个体在与他人的交谈中引入独特的语言系统"提出了质疑。他认为"意义是个人内在的经验"的看法是错误的,因为人们拥有共享的语言,并非私人产物,而是共享的象征意义的中介。皮尔斯和克罗农认为交谈中的使用规则因人而异,而戴维·布伦德斯则认为该观点太宽泛,同时对于意义的社会属性也没有明确的说明。

二、言语代码理论

菲利普森(Philipsen,1992)在文化交际的研究中提出了言语代码理论,也就是"交际行为文化层面上的不同代码"。他认为,"言语代码是指历史上制定的,社会中建构的与交际行为相关的概念、意义、前提和规则"。

(一)言语代码理论的前提假设

菲利普森提出了五个前提假设来解释言语代码的基础。

1. 每一种文化,都有特定的言语代码

鉴于言语代码存在一定的差异,菲利普森提出了这样的假设:"每一种文化,都拥有自己特定的言语代码。"菲利普森等学者研究证明,文化会对人类的交际活动产生一定的影响。言语代码一般是在特定的地点、被特定的一群人所使用。

2. 言语代码包含能体现文化差异的心理学体系、社会学体系及语言风格

该假设认为,言语代码与某种文化的心理学特征存在紧密的联系,它与人们如何看待自己息息相关。也可以说,一些特定的态度、价值观、心理状态为某些特定的文化所特有。

3. 言语的意义依靠听者和说者双方使用的言语代码对交际行为进行创造和解释

根据该假设,言语的意义与使用该语言的人有关。只有通过人们的言

第二章　对跨文化交际的认识

语和所使用的言语代码才能真正理解交际行为。在交际的过程中,交际者发出一些行为,别人往往会对这些行为做出相应的解释,要解释就必然要用到言语代码。

4.言语代码的细则、使用规则以及前提与言语本相融合,伴随着言语的始终

这一假设意味着言语代码经常显现,任何人均能察觉到它。可借助对文化成员的交际活动进行观察来研究其所用的言语代码,也可借助一些交际活动(如打招呼的礼节)来发现言语代码。

5.对共享的言语代码的巧妙使用是进行预测、解释和根据交际行为的可理解性、审慎性及道德标准对语篇形式控制的必要条件

该假设认为巧妙地理解和使用言语代码,尽管人们被言语代码所包围,他们还会反思这些代码,从而给他们的典型模式带来一些变化。也就是说,改变或避免代码的某些方面存在一定的可能性。同时,情景也会对言语代码带来改变。因此,交际双方必须同时成为交际活动的参与者和观察者,以有效地控制或预测他人的言语与行为。

(二)言语代码理论的总结

菲利普森认为,"每一次社区谈话都在交流行为中留有不同的文化方式与文化内涵的痕迹"。对于人类生活而言,群体成员参与社区谈话非常普遍,但是每个社区谈话均有自己的文化特点。此外,他指出,"交际是在个人和社区生活中使文化的功能得以实现的具有启发性和实践性的资源"。

菲利普森等人(2005)归纳出言语代码理论,而且做了实证研究,强调影响交际的文化与代码。他们认为,"我们运用文化和言语代码以使自己和他人的交际有意义;我们的文化和言语代码影响我们自己的行为;我们言语代码的'修辞力度'的大小取决于我们如何连贯地、合法地、艺术性地运用代码"[①]。

对于言语代码理论,有学者提出了质疑。有学者认为,言语代码理论过于泛泛,对价值观念与道德伦理等因素并没有进行关注。此外,对于人们如何看待和感受他们每天所要面对的不同情景,菲利普森也未进行探讨。

不可否认的是,对于菲利普森提出的许多观点,人们都表示赞同与接受。每种文化的成员都共享一套独特的言语代码与交际方式,这些代码是

---

① 严明.跨文化交际理论研究[M].哈尔滨:黑龙江大学出版社,2009:67.

同一言语社团人们沟通的重要桥梁,但是不利于其他社团人的沟通。

三、跨文化调适理论

　　早期的文化调适研究由人类学家或者社会学家所组织,且主要将研究重点放在集体层次上。它研究的主要是一个较原始的文化群体,其与发达文化群体接触而改变其习俗、传统和价值观等文化特征的过程。

　　心理学家在这一领域的贡献主要为最近几十年来的工作,研究重点放在个体层次上,注重文化适应对各种不同心理过程所带来的影响。

　　近年来,Young Yun Kim 致力于发展其交际与文化调适理论。她最早的理论对韩国移民在芝加哥地区文化适应的因果关系进行了调查。后来,她基于开放系统视角对该理论做了改进,增添了移民"压力—调适—成长"过程的理论,同时开始关注移民"跨文化"的转变。

(一)跨文化调适理论的前提假设

跨文化调适理论有以下几种假设。

(1)调适是一种自然而普遍的现象。调适是人类的本能,能确保人们在对抗性的环境中保持相对的平衡。跨文化调适是"环境适应过程中的普遍过程"。

(2)跨文化调适并不是需要具体分析的变量,而是一个人在面对新的陌生环境时的整体进化过程。要理解跨文化调适,需要将其放在人与环境的互动中。

(3)跨文化调适是在交际活动中发生的过程。交际是一种必要载体,只有个体在同新环境发生互动的时候,跨文化调适才存在。唯一不会发生文化调适现象的情况即为个体与新环境处于绝对隔离的场景中。

(4)调适是一种对于所有生命体系来讲都自然而普遍的现象,交际是适应的方式。在这样的前提下,作者主要考虑的是他们如何进行调适,调适的原因是什么,而不是个体在进入新的环境中是否可以调适。

(二)跨文化调适理论的总结

自 20 世纪初以来,关于跨文化调适的研究不断发展,并且取得了明显的成果。这些学术见解或观点既给跨文化适应研究带来了一些相关的信息来源,又给后来者的研究造成一些不便。

跨文化调适研究主要采用群体研究方法和个人研究方法。

群体研究方法将"移民群体或种族群体作为研究中心,主要描述不同文

第二章　对跨文化交际的认识

化背景的社会群体频繁接触后文化变迁的动态过程及由于社会资源、权利、威望等不平等分配而产生的社会等级"（严明，2000）。

个人研究方法通过个人在旅居国的适应活动来对个人心理表现与旅居社会的融合程度进行研究。

这两种方法都有不足之处。Young Yun Kim 提出了一套新的跨文化调适理论，归纳出一套系统、全面、综合的理论。

跨文化调适的现象存在是客观的。理解了跨文化调适现象的客观性，下面要面对的是进行怎样的改变。通过培养在新文化中的交际能力，我们的适应性会相应地有所提高；反之，适应性会减弱。

如果我们一直坚持进行成功调适的目标，那么一些微妙的下意识的改变将会出现，从而加速我们在知觉与情感上的成熟，并且对人们的生活状况有更深入的认识与了解。

随着心智和身体的适应，压力和调适将会使跨文化身份感得到加深。在这一过程中，关于"我们"和"他们"之间的那条界线会变得模糊起来。

我们旧的文化身份是不可能被新的文化身份所取代的，而是会转化成一种新旧并存的身份，这样，面对人们之间的差异性，我们会变得更包容。我们会肯定自己去改变的能力，并坦然地面对我们将来可能成为的样子。

四、交际适应理论

在人际关系中，在小群体中或不同的文化之间，人们常会为了适应对方而对自身的交际方式加以调整，这一调整是交际适应理论（Communication Accommodation Theory）的核心。它由霍华德·贾尔斯（Giles）提出，之前被称为"言语适应理论"（Speech Accommodation Theory，即 SAT），后来有所扩展。交际适应理论的前提是："当交谈者互动时，他们会调整说话方式、发音方式以及（或者）姿势以适应他人。"

贾尔斯及其同事认为，在交际过程中，说话者适应他人有不同的目的，如得到听者的赞同、提高交际的有效性、保持积极的社会身份等。需要注意的是，并不是每一个目标都可以实现。

（一）交际适应理论的内容

1973 年，交际适应理论（CAT）被提出。当时贾尔斯首次提出了"口音变动"模式。之后的很多理论与研究也证明，在不同文化群体（老人、有色人种和视力障碍者）的谈话中均有交际适应的现象。这个理论是在多样文化的背景下进行的，它的雏形是言语适应理论（Giles & Smith，1979）。言语适应理论(SAT)提出,说话者在与他/她人进行交往的过程中,使用一定的语言策略来体现个性或获得赞同。说话者会根据其动机(趋同或趋异)来选择策略。这些"语言手段"分别用以对交际距离进行缩小或扩大。

1987年,Giles,Mulac,Bradac与Johnson对言语适应理论(SAT)的适用范围进行拓展,且将其名称改为交际适应理论(CAT)。

1988年,Coupland,Giles和Henwood将交际适应理论(CAT)应用于对不同辈分人之间交际的研究,同时补充修订了原理论。

1988年,Gallois,Franklyn-Stokes,Giles与Coupand等在跨文化交际层面运用了Coupland等学者1988年的理论模式,增添了民族语言身份理论(Ethnolinguistic Identity Theory,即ELIT;Giles和Johnson,1987)中的相关推测,并强调环境对于跨文化交际所造成的影响。

Gallois等人(1995)改进了1988年的理论版本,更新版的理论如图2-4所示。

Gallois等人(2005)又对1995年的理论版本进行了更新。

由图2-4可以看出,交际适应理论(CAT)从交际活动的"社会历史境况"研究起(Gallois等,1995),这一部分的理论既涉及相互接触的群体之间的关系,又关乎其所接触到的社会规范。

交际适应理论(CAT)的第二部分与交际者的"适应倾向"有关,也就是"交际者视交往的外群体为人际交际、群体交际或是二者相结合的交际倾向"(Gallois等,1995)。影响"适应倾向"的因素包括内心的因素、跨群体因素、开始的取向。

交际者视交往为人际交际或群体交际这一倾向在很大程度上会受群体间关系的影响。同样,如果主流群体的成员认为自己的社会身份不是特别稳固,且能感受到群体方面的威胁,对于非主流群体成员对主流群体的辐合,他们会持消极的态度。与群体保持团结一致的人们,通常会以群体间的形式来看待交往,且对自身群体的语言标识予以关注。

"现场情形"(immediate situation)是交际适应理论(CAT)的第三个组成部分,具体涵盖以下五个方面。[①]

(1)社会心理状态。

(2)目标和关注听众。

(3)社会语言策略。

(4)行为与技巧。

(5)标识与特性。

[①] 严明.跨文化交际理论研究[M].哈尔滨:黑龙江大学出版社,2009:87.

第二章 对跨文化交际的认识

上述五个方面是相互关联的。

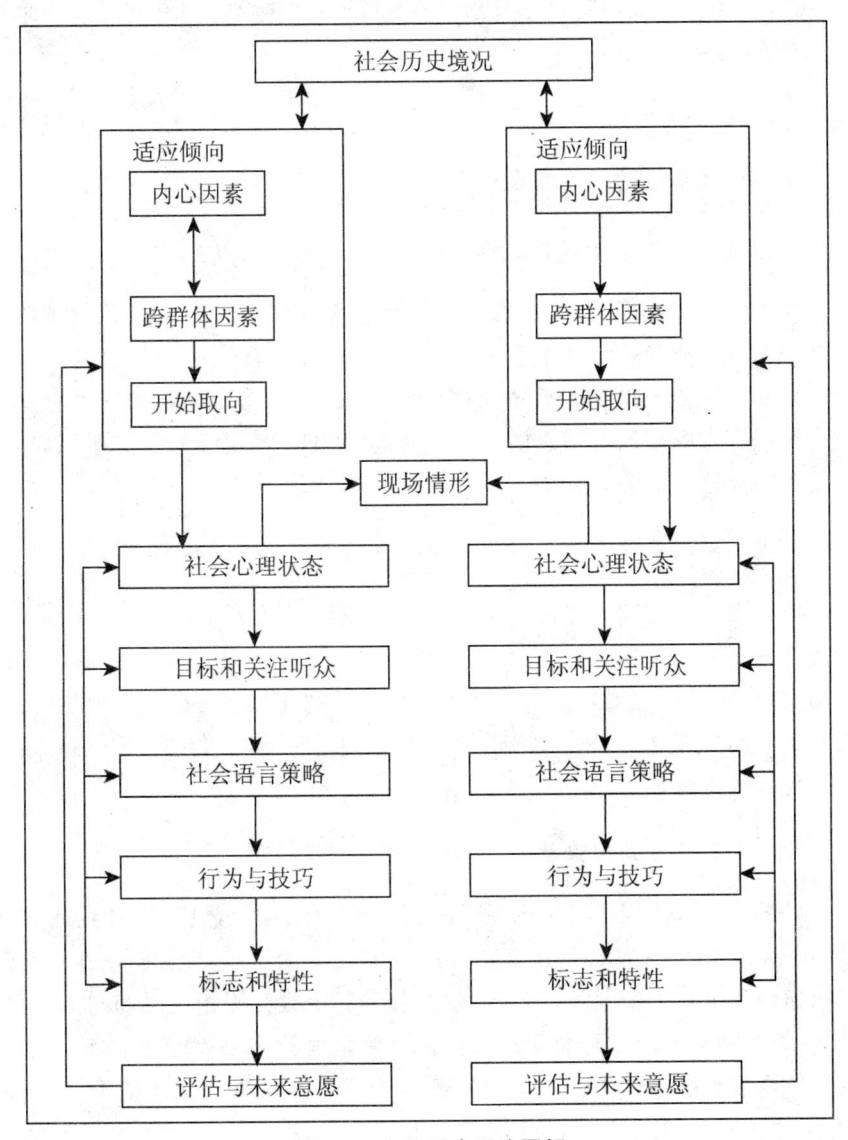

图 2-4 交际适应理论图解

(资料来源:严明,2009)

"评价与未来意愿"是交际适应理论(CAT)的最后一部分,这种提法以交际过程中交际者对交际对象的行为感受为焦点。

Gallois 等(2005)的理论模型是基于 1995 年版本而形成的,但是命题数量减少(从 1995 年的 17 个减少到 2005 年的 11 个)。这使得该理论适用

· 43 ·

于任何形式的跨群体交际,而且使开发出经得起检验的假说变得更容易。

此外,个体主义与集体主义对适应过程产生的影响也是交际适应理论(CAT)的重要内容。

(二)交际适应理论的假设

交际适应理论的基本假设如下。

1. 在所有的谈话中都有言语和行为的相似及差异

谈话者之间不仅有共性,也存在差异,这是许多交际适应理论原理的假设之一。过去的经验形成了个人的经验场,这可以从谈话的言语与行为中反映出来。一个人是否愿意适应他人,一般是由不同的经验和背景所决定的。谈话双方的态度与信息的相似度越高,他们就更易于被对方吸引,这样才能更好地适应对方。

2. 我们对他人的言语和行为的感知决定着我们对谈话的评价

该假设来自感知和评价。交际适应理论所关注的是,对于交谈过程中所发生的一切是如何感知,又是如何评价的。人们首先感知交谈中出现的一切,再决定交谈时要采取何种行为。在感知和评价过程中,动机显得尤为重要。我们可能会对另一个人的言语和行为进行感知,但并不是总对这些言语与行为进行评价。

3. 语言和行为会反映社会地位和群体归属的信息

对于两个说不同语言的人想沟通时将会发生什么,贾尔斯和约翰·威曼(Giles and John Wiemann,1987)进行了如下的讨论:"在双语或者交际者精通两种语言的情况下,人口占优的民族和少数民族相处时,颇具戏剧性的是,第二种语言的学习总是单项的。也就是说,一般来说总是占统治地位的群体要求被统治群体适应他们的语言习惯……在跨文化环境下,所谓的'标准''正确''文雅'的语言行为与精英、上层或统治阶层及其制度相一致。"①

交谈中使用的语言和行为与具有较高社会地位的人所使用的语言保持一致。由这段引语可知,语言的使用表明了想成为"统治"群体一份子的愿望。

---

① 严明.跨文化交际理论研究[M].哈尔滨:黑龙江大学出版社,2009:89.

4.适应会因得体程度、适应过程的规则变化而有不同结果

该假设主要关注规范和社会得体性的问题。是否得体会直接影响适应的结果,同时适应会受到规范的影响。但是,适应并不一定是有价值、有收益的。适应他人固然重要,但有些情况下,适应也会不合时宜。在贾尔斯的理论中,规范有自身的作用。规范是"个体觉得在谈话过程中应该或不应该做出某种行为的期待"(严明,2009)。来自不同背景的交际者对交谈有不同的期待。一般情况下,社会规范是年轻人服从年长的人,但情景可能会引发某一特殊行为期待。

(三)交际适应理论的总结

交际适应理论对人们生活中交谈的作用进行了集中的讨论,很多研究都使用了该理论。例如,人们研究了对大众交际媒介的交际适应(Bell,1991)、对面试的交际适应(Willemyns, Gallois, Callan & Pittam, 1997)、对老龄群体的交际适应(Harwood, 2002)等。

第三章　跨文化交际语境下的大学英语教学探析

　　语言离不开文化,语言交际的有效进行需要在文化母体的语境中完成。实际上,用外语进行语言交际属于一种跨文化的语言交际行为。外语学习不仅是单纯语言要素和语言能力的习得过程,其还要有一个相应的文化习得过程,这样才能获得跨文化的语言交际能力。因此,大学英语教学应该采用一种新型的"语言—文化"教学模式。基于此,本章就对跨文化语境下的大学英语教学展开探究。

第一节　跨文化交际研究在大学英语教学中的地位

　　2007年由教育部颁布的《大学英语课程教学要求》中明确指出:"大学英语是以外语教学理论为指导,以英语语言知识与应用技能、跨文化交际和学习策略为主要内容且集多种教学模式与手段为一体的教学体系。大学英语课程不仅是一门语言基础课程,而且是拓宽知识、了解世界文化的素质教育课程,兼具工具性和人文性。大学英语课程还必须注重培养学生的文化素养和国际文化知识的传授。"因此,跨文化交际在大学英语教学中有着重要地位,教师在开展语言知识的教学时,也必须注重对学生跨文化交际能力的培养。

一、跨文化交际与大学英语教学的联系

　　在很长一段时间里,我国部分教师和学生都错误地认为要掌握一门语言只要掌握一定数量的词汇及基本语音、语法知识即可。于是,在英语教学中,教师和学生都会不自觉地将重心放在语音、语法和词汇上,忽视了英语教学和学习过程中的文化背景知识。其结果就是,学生掌握了大量的语音、词汇和语法知识,却因为他们完全不了解语言背后的文化知识而无法在现实生活中的各种语言交际场合正确地使用英语。词汇往往可以清楚地反映中西方文化上的差异。很多时候,学生会因为缺乏对英语词汇文化内涵的

第三章　跨文化交际语境下的大学英语教学探析

了解,而不能对某些单词的意思进行合理的推测,所以就难以理解一些单词基本信息之外的含义。例如,经常有学生因为不了解词汇的文化内涵而将 soldier's heart(军人病)误解为"铁石心肠",将 blackbird(画眉鸟)理解成"乌鸦",甚至将"She prefers dry bread."(她喜欢无奶油的面包)理解成"她喜欢干面包。"等。

假如学生不了解英语文化背景知识,对其英语的听、说、读、写等能力的提升也有一定的阻碍。例如,有些学生在听力练习过程中,虽然能听懂每一个单词的意思,但不清楚整篇文章的主要内容。显然,这并非语言理解上的障碍,而是听者的思维活动与说者的思维活动未能统一。此外,在英语教学和学习过程中经常会发现,假如所听材料是学生十分熟悉的,那么就很容易听懂,也能理解得非常透彻;但是当学生听一些不太熟悉的或者涉及异国文化背景知识的材料时,听懂就显得很困难。虽然有时候学生听懂了材料的基本字面意思,但总会因为缺乏对中西方文化差异的了解,而无法对听力材料进行准确理解。例如:

A:Please buy two packs of cigarettes for me while you are at the store.

B:I'm not going any store. I'm going to see Aunt Mary,but I will get them for you at the gas station.

Q:Where will the woman stop on her way?

A. At a cigarette store's.

B. At a bus station.

C. At a gas station.

D. At Aunt Mary's.

因为学生缺乏对西方文化知识的了解,更不知道西方的 gas station 除了会出售汽油,还会售卖一些香烟等日用品,所以直接将正确答案 C 排除。

可见,对中西文化差异不加以重视,死记硬背单词,是很难真正掌握英语这门语言的,更无法顺利地进行跨文化交际。因此,在英语教学中教师除了要强调英语语音、词汇、语法知识及英语的听、说、读、写四要素外,还必须渗透一些西方的文化背景知识。正如王佐良先生所说:不了解语言中的社会文化,也就无法真正掌握语言。在英语教学尤其是在当今跨文化背景下的英语教学中,必须注重文化差异的教学,除了介绍语言基础与技能知识,还必须介绍一些文化知识,帮助学生有效地克服母语对英语学习的干扰,形成良好的英语思维习惯,将中西方文化有机地融为一体,不断地提升学生的跨文化适应与交际能力。

二、跨文化交际对大学英语教学的意义

(一)迎合社会发展交流的需要

在当今经济和文化一体化的社会背景之下,广大高校学生应该努力学习英语语言和文化,满足社会发展的基本需求。

经济全球化使得人们的跨文化交际对象变得更为多样,社交方式也更为多样。在跨文化英语教学中,学生除了可以提升英语语言能力,还能提高自身的跨文化交际能力。

多元发展的社会要求英语交际者应该具备一定的合作交流意识和能力。在不断的交际中,生活在不同文化背景、不同群体的人可以为社会的进步做出一定的贡献,也可以不断提升自己的文化意识。因此,跨文化英语教学就充分发挥了英语作为一门语言工具的重要价值,而学生的跨文化英语学习也是满足社会发展的重要举措,更是加强中西文化交流的必然要求。

(二)实现英语教学目标的保障

从本质上讲,英语教学的主要目标是培养和提高学生的英语使用能力,使学生能够面对日后的跨文化交际。因此,越来越多的英语教学者开始认识到英语教学的工具性、实用性与交际性。美国语言学家萨丕尔(Sapir)在其著作《语言论》中指出:"语言有一个环境,它不能脱离文化而存在,不能脱离社会继承下来的各种做法和信念。"[1]英语教学进行跨文化教育能够推动英语教学的发展,并且对人才的培养和英语教学目标的最终实现都大有裨益。

语言不仅是传播信息、交流思想的重要媒介,对于民族文化的传播也发挥着重要的载蓄功能。全球化的发展使不同国家的文化互相交流,因此不同的价值观就会和本土文化进行磨合。

外国文化在我国的传播与交流,可以使我国人民了解其他国家的文化形式,在另一种程度上还能扩展本土文化和民族文化。全球化的出现是一把双刃剑,我国应该抓住这个机遇,积极谋求新的生存与发展方式。英语教学作为培养跨文化交流人才的重要方式,应该在教学中融入西方国家的文化,同时需要深深植根在本土文化中,发扬我国优秀的传统文化,使学生具

---

[1] 许迎军.英语教学实施素质教育简论[J].辽宁高等教育研究,1999(1):85-89.

第三章 跨文化交际语境下的大学英语教学探析

备宣传本族文化的意识与能力。

英语教学不仅是让学习者掌握基础的语言知识和技能,还需要培养其英语思维能力,使其能够在跨文化交际环境中展开具体的交际行为。跨文化教育能够使语言学习者掌握新的知识与文化,同时能更加深入地了解本国文化与他国文化的事物,因此是一种素质与能力双重提高的教学方式。在进行跨文化英语教学时,应该从本质上反映语言与文化、语言教学与文化教学的联系。

(三)适合中国环境的教学模式

跨文化教育实质上是不同母语思维和异域思维的碰撞,交际中的困难在很大程度上并不是因为交际者对语言知识掌握不足,而是由于对非母语文化的不了解。在全球经济、文化交流的大背景下,学生进行跨文化英语学习的目的是迎合社会发展交流的需要。

随着社会的发展,我国英语教学的对象变得更加多元,交际方式也更加多样。进行跨文化教育,能够提升学生的跨文化能力和信息交流能力。同时,社会的这种多元性还要求英语交际者要具备一定的合作意识和协作能力,从而通过跨文化教育提高整个人类的进步,并在这个过程中提升自己的文化意识。可以说,跨文化教育既体现了英语工具性的作用,也符合中国环境的教学模式,对社会发展和人类文化的融合都大有裨益。

由于我国的英语教学中存在很多因不了解英语文化而造成的跨文化交际失误,加之我国缺少英语学习的社会环境,因此课堂教学成了学生获得英语基础知识并了解英语国家文化的重要渠道。跨文化教育是结合语言教学和文化教学的举措,能够为学生营造良好的英语文化学习氛围,并防止母语文化的干扰,提高学生的跨文化能力。

(四)有效教学的重要组成部分

英语教学不仅需要教授英语语言知识,还需要结合社会规范、语言交际环境、语言使用规则、语用规律等因素,从而使学生能够完成现实中较为复杂的英语交际。跨文化教育与大学英语教学是相互促进的关系,如果在大学英语教学中忽视跨文化的研究,就有可能导致英语教学"费时低效"现象的出现。

跨文化交际对交际者的文化能力有着较高的要求,而跨文化教育能够使学生了解中西文化的差异,提高文化的敏感度。同时,这种教学方式和研究视角还能使学生感受到英语教学与现实生活的联系,从而提高英语学习的兴趣与效率,避免交际中的文化障碍。总之,跨文化教育既能提高学生的学习能力,也能较好地实现英语教学效果。

(五)现代英语教学的标志之一

在信息时代,全球化的趋势愈加凸显,人际交往愈加频繁,不同国家和地区也展开了不同程度的文化交流活动。英语作为国际通用语言,在跨文化交际中的地位不言而喻。人们通过英语这种语言媒介进行信息的获取与沟通。现代英语教学的重要目标之一就是向社会输送更多符合社会要求的英语人才。但需要指出的是,英语能力的提高不能单纯地依靠语言知识的教学,英语是一门工具性的语言形式,其最终的教学与学习目标是使用英语进行沟通与交流。

在跨文化交际中,如果交际者不了解对方的文化背景知识,就有可能造成交际障碍和交际误解,最终影响交际的顺利进行。审视现代英语人才的重要标准之一就是其文化能力与跨文化能力,因此重视跨文化教育,培养和提高学生的文化感知与认知能力,教授外语交际的技巧,是时代发展对英语教学的要求。在这种时代背景下,很多大学都将培养学生的跨文化能力作为教学的重要目标。可以说,跨文化教育是一种具有高度影响力的教学方式,是一种体现英语教学最终目的和培养目标的教学方式,是传统教学模式的革新。

(六)实现素质教育的主要渠道

现如今我国开始积极推进素质教育。英语是我国教学的基础课程,也是文化素质教育建设的重点。从跨文化视角进行英语教学是实现素质教育的主要渠道。英语素质教育指的是除了教授英语基础知识与技能之外,还需要提高学习者的文化素质,培养学习者的文化思维,这一点和跨文化教育不谋而合。

为此,在具体的跨文化教育中,教师必须正确处理语言和文化的关系,加强英语国家文化的导入。具体来说,教师需要以跨文化交际学的相关理论与方法武装自己,在教学中提高语言教学的实用性与交际性。从跨文化教育的角度进行英语语言教学,能够从一定程度上减轻本土文化思维定式的影响,培养学生的英语思维能力和语言技能。

1.利于培养学生的文化感知力

注重跨文化交际研究且教师在英语教学中有意识地向学生传授一些文化背景知识,可以使学生更全面地了解西方国家的实际情况,进而能在适当的场合准确地使用语言表达自己的观点。此外,教师不断地向学生介绍一

第三章 跨文化交际语境下的大学英语教学探析

些英语文化背景知识和文化传统,可以让学生明白不同的文化、不同的语言具有不同的表达习惯和方式,可以提高学生对不同文化的感知力,增强跨文化交际意识和能力。

2.利于培养学生对文化的敏感性

针对英语教学的任务而言,除了要进行英语基本知识和技能的传授,还必须培养并增强学生对中西文化差异的敏感性。对于这项能力,学生可以在课堂上借助教师对中西文化差异的讲解和跨文化交际的研究而获得。如果在英语课堂组织的对话活动中,教师仅关注学生在语音、词汇和语法上的准确性上,却忽视文化的差异性,就不利于学生语言运用能力的增强,也不利于学生准确灵活地使用语言。例如:

A:You look so pretty today.
B:No. I don't think so.

对于这组对话,其语音、语法、词汇均没有问题,但是如果考虑到中西方不同的文化习惯,这种回答对英美人来说是难以理解的,因为这不符合西方社会的文化性常规。假如教师在英语教学中以此为切入点,比较中西方的文化差异,学生就能在潜移默化中提高对文化差异的敏感性,进而在今后的英语交际中也能特别注意。

3.利于激发学生的学习兴趣

兴趣是所有事情走向成功的前提。人们只有具备一定的兴趣,加之一些行动及恰当的方法,就有可能获得成功。英语学习更是如此,因为对我国多数英语学习者来说,都没有先天的、自然的、真实的英语语境,而学习兴趣和热情往往是他们学习英语的主要动机。

对于中西文化差异的比较,不管在内容上,还是在方法上,均利于调动和培养学生学习的兴趣。例如,教师可以通过介绍英语文化背景,比较中西方文化差异,透过语言看文化,借助所学语言材料了解其中蕴含的民族文化语义,而不是单纯地讲解课文的单词意思、语法等。英语课堂上渗透一些文化知识,可以将原本枯燥无味的词语解释与分析变得更加生动活泼。学生学习英语的兴趣一旦调动起来,那么他们就会积极主动地学习英语。

4.利于提高学生的语言学习能力

学生英语能力的提升仅靠语言知识的学习是远远不够的。英语属于一门工具性的语言,学习它的目的是进行交际与沟通。

需要注意的是,语言学习是与文化息息相关的,脱离文化的语言教学是不现实的。在跨文化交际过程中，不同文化背景中的人通过英语进行沟通，假如交际双方都不了解对方的文化背景知识，那么就会产生一定的交际障碍。

在英语教学过程中，教师应正确处理英语知识与文化的关系，进而加强语言的文化导入。为了达到这一目标，教师在教学中应引入跨文化交际学的理论和方法，教师既要向学生讲解语言的正确使用形式，又要向他们介绍语言使用的恰当性。

在人类长期的生产和劳作中，语言有着巨大的推动作用。然而随着社会的发展，语言也受到了不同民族文化的影响和制约。因为对中国学生而言，英语属于第二语言，所以多数中国学生是缺乏先天的英语语言学习环境的。与此同时，学生因为长期使用汉语，有着固定的汉语思维模式，于是形成了一种本民族的文化思维定式，这就导致学生对英语教学中的很多内容不甚了解。

我国著名的学者胡君鸿认为，"教师不应仅从本国文化心理去考察语言差异，而应兼顾不同文化背景的人们所共享的信仰、价值观念、时间观念、行为准则、交往规范以及认知模式等方面的差异，即目标语语言系统和交际原则"。

在中国，教师开展跨文化英语教学可以有效减轻汉语思维定式对学生带来的消极影响，培养学生的英语思维，进而提高学生的语言学习能力。

第二节　跨文化交际语境下大学英语教学存在的问题

早在20世纪80年代末，我国就开始关注语言与文化的关系，强调英语教学应始终将培养学生的语言交际能力作为主要目标，但从当前的大学英语教学现状看，仍然存在一些问题亟待解决。

一、缺乏丰富的教学资源

随着社会经济的发展与社会对教育投入的增加，当前我国高校的英语教学资源与20年前相比有很大改善。近年来，随着高校的不断扩招，大学生的数量猛增，与此同时带来的是教师队伍的不足，特别是教学资源的严重匮乏。英语教学资源匮乏主要体现在如下几个方面。

其一，教师与学生真正需要的教学材料和资源极为有限，而当前的教学材料根本不能满足学生的学习需求。

第三章 跨文化交际语境下的大学英语教学探析

其二,市面上的很多应试辅导资料经常误导教师的教学和学生的学习。

其三,英语教学中的教材与学生的学习需要缺乏相关性。甚至,一些学校为了平衡各出版社的利益,会选择两个或两个以上出版社出版的教材,这就使教材的相关性较差,很多都未能应用到英语教学实践中。假如听说课与读写课使用不同系列的教材,那么就会影响教学的整体性,也不利于建立起语言输入与输出的关系。

二、英语教学发展不平衡

我国幅员辽阔,不同地区之间在经济、政治、文化发展水平等方面有很大差异,体现在教育方面就是学生的英语基础水平、认知能力、理解能力、记忆能力等存在差异。除了不同地区之间的发展不平衡以外,英语教学在听、说、读、写等技能的培养力度上也不平衡。2007年的《大学英语课程教学要求》中将大学英语课程的性质阐述为"不仅是一门语言基础课程,也是拓宽知识、了解世界文化的素质教育课程,兼有工具性和人文性",还提出高校英语教学的目标是"培养学生的综合应用能力,特别是听说能力,使他们在今后工作和社会交往中能用英语有效地进行交际",但从高校英语教学的实际情况看,我国学生的英语交际能力亟待提升。

三、英语教学理论体系不健全

综合我国多年的英语教学研究实践来看,我国英语教学的理论体系十分不健全。与《国家中长期教育改革和发展规划纲要》中提出的"完善中国特色社会主义现代教育体系"目标相比,实际的具有中国特色的外语教育理论与实践体系的建立之间存在巨大差距。

尽管20世纪80年代以来,很多西方语言学理论和教育学理论的传入为我国英语教学理论体系的发展提供了巨大动力,但总体上说,我国的英语教学理论研究仍以"引进"为主,"自创"能力低,这种现实情况对我国英语教学的发展极为不利。胡文仲教授曾指出:"我国的外语教育理论研究……至今没有形成独立的学派,在国际上无一席之地。……独立的学术研究成果比较少。"[1]

---

[1] 崔刚,马凤阳.大学英语教学研究的现状、内容与原则——以《国家中长期教育改革和发展规划纲要》为参照[J].中国大学教学,2012(2):33—38.

四、英语教师的科研意识淡薄

当前的英语教学中还存在一个严重的问题,即多数英语教师缺乏一定的科研意识。实际上,对英语教师来说,科研是其教学的另一项基本任务,然而当前的实际情况是,科研工作已经背离了其开展的初衷。

一方面,当前很多高校都把科研成果作为评价教师和职务晋升的重要依据。所以,一些教师在开展科研工作、申报课题、撰写论文的目的仅仅是迫于晋升职称等的现实压力,却失去了研究英语教学工作、分析英语教学问题、探究教学规律的积极性,很多教师都是在"被科研"。

另一方面,很多教师根本不重视科学研究工作,更不用说去认真落实这项工作了。甚至有些教师为了发表论文,不惜花钱雇人写文章。可见,很多教师既没有体会到科研工作的理论意义和实践意义,又为论文出版市场带来了不好的风气。

事实上,科研工作与教学工作一样,对教师而言,二者是同等必要的。首先,科研有助于发现教学过程中的问题,同时研究并解决问题。帮助教师改进教学,提高教学的效率。其次,科研作为一种探究性的工作,能够在不断发现和探索中消除疲惫、厌倦的心理,使教师始终保持一种旺盛的工作热情。

五、英语教师的科研能力较弱

即便有些教师具备了一定的科研意识,但真正开展这项工作时,其科研能力较差。具体而言,科研能力涉及理论基础、科研方法和论文写作三个方面。

从理论基础上看,虽然随着社会的发展人们受教育程度普遍得到提高,高校教师的学历也有很大提升,但也有部分教师仅着手于日常的教学工作,对英语教学的理论以及与英语教学相关的其他学科的理论知道的很少,很少抽出时间了解相关领域的前沿动态,更不会有意识地阅读一些新的学术著作和研究论文。这非常不利于教师语言教学活动的开展,使得教师无法准确把握各种理论、模式以及规则,更难以自觉地遵守语言习得和发展的规律,进而无法设计出更加完善的课程教学结构。

对于科研来说,不少教师对英语教学和学习方法都不是很熟悉,使得他们在科研工作中因为未使用国际通用的标准方法而出现了缺乏科学性和可靠性的研究结果,这就难以实现科研的目的。

在论文写作上,教师撰写论文的能力也在一定程度上体现着其科研能力。

六、应试教育思想明显

英语四、六级考试对当前的大学英语教学产生了较大影响,甚至有不少大学英语教材都是为通过四、六级考试而编写的。例如,一些大学英语教材会在前言部分就说明本教材适用于四、六级考试的练习,或者将某一课时专门设计成四、六级考卷的形式。一些教材提到在前几册教材中包含全部的四级词汇,在后几册教材中包含全部的六级词汇。蔡基刚教授也指出:当前几乎所有的大学英语教材在教授词汇时都以四、六级词汇为主且教材的练习题形式也与四、六级考试题型相似,甚至会直接插入四、六级考试的真题。实际上,这种为了通过四、六级考试而编写教材的做法是本末倒置的。

第三节 跨文化交际语境下大学英语教学的主要任务

从当前社会背景看,我国应该在借鉴外国英语跨文化交际教学的基础上,从自身实际情况出发,对如何开展跨文化交际语境下的英语教学提出合理化的任务和目标。

就文化背景而言,世界文化是由不同文化群体构成的,各种文化都有属于自己的发展背景,也会涉及诸多方面的文化问题,所以教师应在大学英语跨文化交际教学中帮助学生理解这些文化背景。

就本土文化而言,跨文化学习是学生重新看待本土文化的基础,要求教师在英语跨文化交际教学过程中引导学生对本土文化进行反思,发展自身的批判性思维,提高学生的文化认知高度。

因为中西方文化上的差异,教师在跨文化交际语境下的英语教学中应引导学生尊重和理解中西方文化的差异,避免产生文化冲突。同时,教师应引导学生容纳不同文化之间的差异,做到不同文化的平等交际,进而实现合作。

就文化价值来说,每个国家、民族均有自己的独特性,所以教师在展开跨文化交际语境下的英语教学时要使学生了解多种文化,让他们主动发现多种文化中蕴含的共同人性,以及多种文化对美好生活的追求,用开放的心态认识世界和自我,进而发现多元文化的价值。

此外,跨文化交际语境下的英语教学还能帮助学生提高跨文化交际能力,进而减少文化自卑感和受歧视感。

一、跨文化交际语境下大学英语教学的目标

对于英语教学目的,可以分别用 goals,aims 和 objectives 三个词表达,它们各自代表不同层次的教学目的。其中,goals 是对教学目的的总体、抽象的描述。通常,只有对抽象的目标进行具体分析,才能将其转化成可供外语教育工作者进行教学设计的依据和参考,这些被细化了的教学目标就是教学目的(aims)。与这些目的相伴而生的是衡量达到这些目的的标准(standards)。确定好英语教学的目的和标准是极为重要的,一方面它是对总体目标的细分,是总体目标实现的衡量标准;另一方面它还是教学具体实施的指导,是确定课堂教学目的(objectives)和教学活动的基础,也是教学评估和测试的基础。这种承上启下的作用决定了跨文化外语教学要想得到外语教学界的普遍认可,最终成为一个健全、合理和实用的外语教学法,就要有明确的教学目的和标准。

教学目的与标准的确定属于一种政府行为,通常由政府教育机构发起,委托数名专家组成项目组进行调查研究,提交报告,最后由教育部门审定和颁布,并监督实施。教学目的和标准的确定主要受社会文化和政治经济等客观因素的影响,尽管跨文化外语教学的本质特点适用于任何国家和地区,但其教学目的和标准以及教学方法在美国和欧洲可能有所不同。同样,在我国,跨文化外语教学应有属于自己的特色,不可一味地模仿,照搬西方国家的做法。根据我国高校英语教学的特点,在跨文化交际背景下英语教学的目的应涉及三个层面:知识层面、能力层面和态度层面。

跨文化交际语境下大学英语教学的总体目标是:提高学习者的英语交际能力(语言文学目标,初级目标);培养学习者的跨文化交际能力(社会人文目标,高级目标),具体体现在以下几个方面。

(一)帮助学生树立多元文化意识

由于世界构成群体的多元文化特征,不同的文化有其产生和发展的背景,且不可替代。在全球化背景下,各文化群体间的交流日益频繁,尊重并理解异质文化,可以避免文化冲突,实现平等交往,促进合作。

在基于跨文化理论的英语教学中,培养学生对不同文化积极理解的态度,有利于学生对自身的文化有更深的理解,从而对各种文化特性有清晰的

第三章 跨文化交际语境下的大学英语教学探析

认识,以开放的心态对待世界文化的多样性和多元化。

(二)发展学生的批判性思维

基于跨文化理论的英语教学应注重对学生的批判性思维进行培养,引导学生反思本国文化。这有利于学生充分利用多元文化的优势,发现隐藏在文化现象之下的预定性假设,进而反思自己的文化形成,确立自己的价值观念、行为方式等,促使个人文化观的形成。

多元文化教育也是学校教育的一部分,并与国家的教育目的相一致,多元文化教育中的学生在理解和尊重异质文化的过程中,也实现了对自身文化更为深刻的理解和发展。

(三)为学生创造学习异质文化的机会

当两种文化进行了解和接触的过程中,不可避免地会出现两种文化的冲击和碰撞,并且会产生一定的不适应。因此,在基于跨文化理论的英语教学中,教师应该努力帮助学生克服这一点,为学生创造更多的学习异质文化的机会,从而不断提升和培养学生的跨文化适应能力。

(四)构建基于跨文化理论的英语教学模式

随着英语教学的发展,外语教育者开始更加关注英语的文化内涵,深知在英语教学中进行文化交际素质培养的重要性。构建基于跨文化理论的英语教学模式具体是要构建一种"交际—结构—跨文化"的模式。

1. 交际体验

交际体验要使学生掌握一定的交际功能,通过外语进行日常生活的交际。交际能力是人们为了不断平衡环境而进行的自我调节机制。通过外语课堂的交际体验能够提升学生的交际能力。交际中交际双方需要以一定的语言交际环境为基础,对交际双方的背景有所熟知,进而发挥自身的交际技能。

我国的英语课堂教学需要营造师生共同交际体验的教学环境,形成一种双向的跨文化传播与交际方式。

2. 结构学习

结构学习以语言技巧的训练为目标,将语言结构作为教学重点,主要利用英语进行教学。语言带有自身的系统性,语言学习和教学应该利用这种系统性,发现学习和教学中的规律,展开结构性学习。

结构学习需要注意以下几个方面。
(1)培养学生的英语结构运用能力。
(2)培养学生的词汇选择与创造力。
(3)培养学生组词成句、组句成文的能力。
(4)培养学生在不同语言环境下进行交际的能力。

3.跨文化意识

跨文化意识将了解文化知识作为目标,重视文化习俗的教学,利用外语进行教学。学生要具备英语文化知识,既要了解英语国家的历史和文化活动,研读相关文学作品,也要了解英语民族的生活习惯与方式,形成学习英语国家文化的兴趣。长此以往,英语教学就会变成一种文化探索,有利于激发学生文化交际学习的乐趣,提升学习的效果。

"交际—结构—跨文化"的模式要求整个英语教学过程都贯穿中西文化的对比与总结,以培养与提高学生的跨文化交际意识。

"交际—结构—跨文化"的模式是一种十分符合中国人的外语教学模式。中国大多数学生在英语学习中都是运用汉语思维和认知方式,这种认知方式不符合英语学习的规律。心理学认为,事物相异性越大,越能刺激人类的记忆。"交际—结构—跨文化"的模式能够从英语学习的全过程进行认知方面的刺激,在教学的各个阶段都有利于培养学生的目的语思维模式。

(五)实施英语教学跨文化训练

根据布里施林(Brislin)的观点,跨文化训练包括以下几种方式。[1]
(1)以提供信息为主的训练,如讲座、演讲等。
(2)以原因分析为主的训练,如重大事件讨论。
(3)提高文化敏感度的训练。
(4)改变认知行为的训练。
(5)体验型训练,如角色扮演。
(6)互动式训练,如跨文化交往。

在基于跨文化理论的英语教学实践中,教师可以根据具体教学情况灵活使用上述几种训练方式,以提高学生的文化敏感度与跨文化交际技巧。

---

[1] 胡文仲.跨文化交际概论[M].北京:外语教学与研究出版社,1998:193-195.

第三章 跨文化交际语境下的大学英语教学探析

二、跨文化交际语境下大学英语教学的内容

跨文化交际语境下大学英语教学的目的主要涉及知识、能力和态度三个层面,所以教学的内容也应该考虑这三个方面的需要。单纯从教学内容上说,外语教学应该涉及如下内容(表3-1)。

表3-1 外语教学的内容

外语教学	目的语言教学	语言意识
		语言知识
		语言使用
	目的文化教学	文化意识
		文化知识
		文化交流
	其他文化教学	
	跨文化交际能力培养	跨文化意识
		跨文化交际能力
		跨文化交际实践
		跨文化研究方法

(资料来源:张红玲,2007)

首先,跨文化交际语境下的外语教学内容包括四个模块:目的语言、目的文化、其他文化和跨文化交际能力。通过对目的语言和目的文化的学习,学习者能够掌握目的语言知识,并且可以使用该语言与目的语言群体进行有效交际。其他文化的教学是跨文化外语教学不同于其他以文化为基础的外语教学的特点。如果外语教学完全排除其他文化的内容,将会导致学习者徘徊于本族文化和目的文化之间,而忽略了其他文化的存在,这不利于培养学习者的跨文化意识。跨文化交际能力的培养主要涉及跨文化意识、跨文化交际能力、跨文化交际实践以及跨文化研究方法的教学。

需要注意的是,这四个方面的教学内容并不是孤立存在的,而是相互联系的。实际上,目的语言、目的文化、其他文化和跨文化交际能力等教学内容之间的关系密不可分、相互渗透,更为合理的教学内容模式应该如图3-1所示。

与常见的线性分布、层次分明的内容分析不同,图3-1是一个饼式的教

学内容示意图,多个教学要素分布在一个大圆中,不分先后和主次,并且圈外的双箭头表示各个要素之间互通有无、相辅相成,共同构成外语教学的整体。

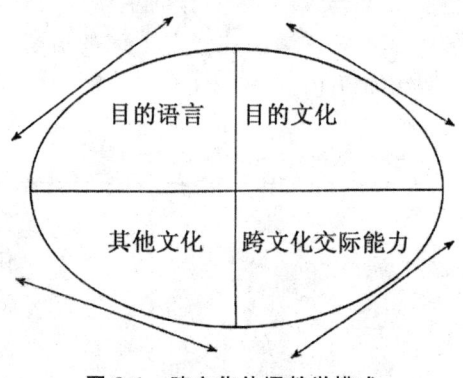

图 3-1　跨文化外语教学模式

（资料来源:张红玲,2007）

第四章 大学英语教学中的文化性问题研究

大学英语教学只注重对语音、语法和词汇等知识的讲解和听、说、读、写等技能的训练是无法满足交际需要的,更不利于培养学生深厚的人文素养和健全的人格。因此,文化应该作为大学英语教学的一个重要内容。

第一节 大学英语教学的文化性诉求

近年来,大学英语教学的文化性受到了越来越多的关注,很多学者和研究者也试图通过做一些研究有所发现。但是,这些研究通常仅限于专业领域中,很多工作在一线的教师未能一起参与进来,所以这项研究仍处在初级阶段。就目前来看,虽然研究者们对大学英语教学的文化性有了一定的认识,但对大学英语文化教学的内容是什么、实现途径是什么等具体问题仍然没有统一、明确的答案,这就对大学英语教学产生了一定的消极影响,在一定程度上阻碍了学生人文素养的形成。

一、大学英语教学的文化性

大学英语教学文化性具体指大学英语教学对道德、情感、价值观、生活方式等文化因素的关注及其教育功能的实现。

袁贵仁教授提出,培养优秀的人才是大学的根本任务。大学是通过文化培养人才的。人既是文化的创造者,又是文化的创造物。大学是通过文化来培养和创造人的。大学的出现,一个重要的责任就是继承文化、传播文化、创造文化,通过文化的继承、传播和创造,促进受教育者的社会化、个性化和文明化,最终塑造健全的、完善的人。实际上,大学教育是一个有目的、有计划的文化过程。人们常说的教书育人、管理育人、服务育人、环境育人,其实就是文化育人。

不论什么教材都会或多或少地涉及文化因素,也可以说,不管什么类型的教材都会从侧面体现文化。虽然这一文化特质是教学材料固有的,但要让其对学生产生预期的积极效应,使外在的文化内化到学生内心,就要对教学材料中的文化因素加以整理和提炼,充分发挥其中的有益之处,这也是对师生开展的教学活动提出的基本要求。

二、体现文化性是大学英语教学的必然

(一)教学对象全面发展的要求

对于非英语专业的大学生来说,他们均有自己的主修专业,这些专业与英语的联系可能很紧密也可能很松散,所以他们学习英语的动力可能源自英语教师的引导,可能是出于个人的兴趣和爱好,也可能与其自控能力有关。

从当前社会的发展形势看,精专业、懂外语、身心健康,并且有着良好的文化素养的学生,往往更能满足社会发展的需要。大学英语教学对于开阔学生的视野、培养学生的文化素养以及促进学生的全面发展均做出了巨大贡献。

(二)教学目标中的文化性要求

通常,专业英语教学对文化性的要求较高,如《高等学校英语专业英语教学大纲》规定:应培养具有扎实的英语语言基础和广博的文化知识并能熟练地运用英语在外事、教育、经贸、文化、科技、军事等部门从事翻译、教学、管理、研究等工作的复合型英语人才。

非专业的英语教学对学生的要求相对来说要低一些,如《大学英语课程教学要求》提出:应培养学生的英语综合应用能力,尤其是听说能力,让学生在今后的学习、工作和社会交往中能用英语有效地进行交际,并且增强其自主学习能力,提高综合文化素养,以便适应我国社会发展和国际交流的需要。

可见,专业英语教学与非专业英语教学对文化性的重视程度有很大不同。

(三)英语教材本身文化性蕴含的要求

对大学英语教学来说,教材是承载文化的一个重要载体,教材往往可以直接或者间接地反映作者的人生观和价值观,并在潜移默化中影响学生。

大学英语教材往往都蕴含丰富的文化知识,教师应该对这些文化知识进行合理的开发和利用,引导学生形成正确的人生观和价值观。

第四章 大学英语教学中的文化性问题研究

在大学英语教学中,教师有一个重要任务:挖掘、分析、取舍英语教材中蕴含的文化现象和因素,目的是更好地再现教材中的文化内容,使学生思考、感悟其中的文化因素,如信仰、道德、情感、价值观、生活方式和民俗风情等,并受到一定的教育和启示。

(四)丰富课堂内容的要求

专业英语教学与公共英语教学有很大差别,具体体现在教学对象、教学目标、教材设置、课时安排等方面。专业英语教学和公共英语教学中学生的学习心理、学习方式、学习习惯等在长期的演进中形成了自身的特点,因为专业和非专业学生所接触的文化深度和广度不同,他们的学习动机、学习热情、学习成绩等都会受到不同程度的影响;另外,教师的教学方法、课堂活跃程度也会对学生的学习效果有直接影响。

一般来说,大学英语教师所教班级会相对稳定,教材也较为固定,一位教师很可能在两年中都要与某几个班级打交道,熟悉的面孔、熟悉的授课方式也很容易使学生感到厌烦。另外,如果大学英语教学完全脱离文化,那么学生很快会觉得英语课堂是乏味的,进而失去兴趣。因此,在英语语言教学中教师如果不给予一定的文化知识的引导和渗透,那么师生很快就会陷入尴尬与痛苦的境地,英语教学的目标也难以达到,更不用说开阔学生的视野和提升良好的人文素养了。

总之,大学英语课程教学要注重文化性,这样才能让英语课堂更加丰富和活跃。

三、大学英语教学凸显文化性原则

在大学英语教学过程中,教师应该凸显文化性原则,一方面要注重突出目的语文化,另一方面要弘扬本民族优秀的传统文化。如果教师在教学过程中一味地无视传统文化,就会走向极端,最终被异域文化侵蚀、同化、甚或吞没而失去本民族文化。总之,凸显文化性是大学英语教学必须加以遵循的一项原则。

从宏观上看,首先大学英语教学要不断继承和发扬本民族优秀的传统文化。其次,大学英语教学要以包容的态度面对不同文化,对其精华部分进行借鉴,使本民族的文化得以丰富。需要注意的是,文化除了要做到包容之外,还要注意创新,推陈出新,在与不同文化交流的过程中得以丰富,不断走向成熟。

从微观上说,首先大学英语教学应分清主次,文化是大学英语教学的辅助内容，所以任何时候不可编成教学的主体。其次，大学英语文化教学要与课本结合，课堂上对文化知识的选择应注意与课文内容的相关性。再次，文化教学应该注重其实用性，尽可能挖掘一些与学生生活紧密相关的方面，突出实用性，注重材料的教育及指导意义。最后，文化教学应该有一定的计划性，文化教学要有步骤地结合教材，将一些基本的文化知识渗透到大学英语教学中。

第二节 大学英语教学中文化性乏弱的表现与归因

一、大学英语教学中文化性乏弱的表现

大学英语教学中文化性乏弱主要有以下几个方面的表现。

（一）教材中的文化因素未受到足够重视

大学英语教材中常涉及丰富的文化资源，需要教师注意分析与挖掘。例如，《大学英语精读》第三版第二册第一单元《晚宴》（*The Dinner Party*）一文，是关于在英国殖民地时期的印度发生的一个故事。最终，因餐桌下的一条眼镜蛇，男性与女性谁更勇敢的争论得以确定。教师在向学生讲授这一课文时，可以对印度的相关历史与习俗做简单介绍，并且要注意介绍西餐的流程与餐桌礼仪，确保每节课都涉及一些文化方面的内容，激发学生学习的兴趣，使课堂变得更丰富。但是，课后的注释部分只是简单说明了文章的出处以及相关的几个句子，对于所包含的文化知识并未提及。

目前，大学英语常用的几种教材中，注释部分很少涉及相关的文化知识，对文化因素不够重视，这对学生学习文化知识非常不利。

（二）学生经常出现跨文化交际失误

中国学生在学习英语的过程中，通常习惯用中国式的思维方式与文化准则来分析并理解英语表达，对于其背后隐含的深层含义无法准确地理解，从而使跨文化交际出现失误。

例如，在汉语中，人们用"特别"来形容女士的穿着是很常见的。但是，如果学生用相同的思维方式，对美国人说："You are very special in it."（你穿这身衣服很特别。）他们听了往往会不安地问道："In a good way or bad way?"（是好的方面的特殊还是坏的方面的特殊？）这是因为在美国文化中，

第四章　大学英语教学中的文化性问题研究

说一个人 special 一般指"心智不健全,智障",含有贬义。

类似这样的交际失误经常发生,这也体现了我国大学英语文化教学严重不足。

(三)教学评价中几乎未涉及文化因素

近年来,大学英语课程的评价方式正由单一的试题测试向多种方式的测试转化。在评价学生的学习状况时,不少学校都采用终结性评价与形成性评价相结合的方式。然而需要指出的是,无论是终结性评价还是形成性评价,评价内容主要是知识方面的内容,文化方面的内容少之又少。

二、大学英语教学中文化性乏弱的归因

大学英语教学中文化性乏弱的原因大致可归纳为以下几个方面:教学大纲中缺乏可操作性的具体指导、教学具有明显的功利性、文化碰撞实战演练较少。

(一)教学大纲中缺乏可操作性的具体指导

2007 年 7 月教育部下发了《大学英语课程教学要求》,作为各高等学校组织非英语专业本科生英语教学的主要依据。整个文件较为详细地规定了听力理解能力、口语表达能力、阅读理解能力、书面表达能力、翻译能力、词汇量等,但是关于"跨文化交际",仅仅在教学性质和目标中出现一次,缺乏量化指标和可操作性的指导。

(二)教学具有明显的功利性

在"考本位"的教育体制影响下,我国的英语教学从小学、初中到高中都呈现明显的功利性。考试考什么,教学就讲什么。其中,初、高中课堂为了应对升学,教师将课堂教学重点放在对语言知识的讲授上,较少涉及文化教学。

受这种学习方式和指导思想的影响,很多高校教师与学生将大学的目标看作通过四、六级考试,教师的教学实践服务于学生英语过级。这可能有利于提升学生的应试技能,却导致学生难以学习到英语文化知识。

(三)文化碰撞实战演练较少

在母语环境中学外语的效果显然没有在目的语环境中学外语的效果好。

我国的大学生学习外语大多都是在国内完成,缺乏外语环境与氛围,与异域文化的接触与碰撞较少。例如,学生在学习西餐中"开胃菜"这一单词时,可能要背诵好多次,对这个词的印象才能逐渐清晰,继而逐渐记住,但是对于"开胃菜"到底是什么可能还不是非常清楚。但是,学生若在外语环境中进行学习,整个这一过程参加一次一般都可以解决。外语文化氛围的缺少必然会不利于学生的文化学习。

第三节 大学英语文化教学的内容与目标

一、大学英语文化教学的内容

在我国大学英语教学中,文化教学的内容主要有言语文化、非言语文化以及交际文化。

(一)言语文化

言语文化又可以细分为以下几种文化:语音层面的文化、词汇层面的文化和语法层面的文化。

1. 语音层面的文化

一种语言的语音既是使用该语言的人之间顺利交流的基础,又是说话人文化特征的反映。

例如,美国英语中没有英国英语中的双元音/ɪə/,/uə/,/ɛə/,相应地是在前面的元音后面添加/r/音,说话人的地域文化特征从其英语发音中可以得到体现。

2. 词汇层面的文化

词汇是意义的载体,蕴含着丰富的文化内涵。对于文化教学中一些蕴含文化内涵的词汇,学生除了要了解其表层含义,还要了解其背后的文化内涵。

例如,在西方文化中,红色(red)通常象征着"危险信号""激进、叛乱",而汉语文化中,红色是"进步"的象征。

第四章　大学英语教学中的文化性问题研究

3.语法层面的文化

语言文化还涉及语法层面的文化。西方人注重理性思维,受此影响,英语重形合,多通过一些连接手段实现句子结构与逻辑的完美,而语法则揭示了连字成词、组词成句、句合成篇的基本规律。汉民族则更强调悟性和辩证思维,受此影响,汉语重意合。在大学英语教学中,教师应注意讲授这方面的知识。

(二)非言语文化

非言语行为是传递文化信息、表达思想感情的主要手段之一。胡文仲认为,非言语交际是指"那些不通过语言手段诸如手势、身势、眼神、面部表情、体触、体距等的交际方式"。要明确非言语行为的确切含义,必须将其置于特定的语境中。

胡文仲依据跨文化交际,将非言语行为分为以下四类。
(1)体态语,如基本姿势、礼节动作等所提供的交际信息。
(2)副语言,如沉默、话轮转接等。
(3)客体语,如皮肤的修饰等所提供的交际信息。
(4)环境语,如时间与空间信息等。

(三)交际文化

交际文化与不同交际场合、礼仪习俗、人际关系、价值观念等关系密切。不同文化中的人们在称谓、禁忌、招呼与问候、敬语与谦语、道谢与答谢、恭维与称赞等方面存在很大的差异,不了解这些差异,就会产生跨文化交际误解。例如,在英美国家,人们认为收入、年龄、婚姻等均属于个人隐私,认为对这些问题进行询问是不礼貌的。学生应了解中西交际文化差异,以便在交际中更得体地使用语言。

1.称谓差异

称谓是对对方的一种称呼。中西方文化背景、风俗习惯等不同,中西方所形成的称谓用语系统也不同。

在西方社会,人们崇尚"人为本,名为用"的价值观。在非正式的交际场合且交际双方关系较为密切时,通常是直呼对方的名字。例如,小孩子不把爷爷、奶奶称呼为 grandpa 与 grandma,而可以直呼其名,以显示亲切。在称呼陌生人时,人们可以单独使用 Sir,Miss,Madam。例如,银行、商店、俱乐部的员工,或公共交通车辆上的司乘人员就经常使用 Sir/Madam 来称呼顾客。

此外,在一些较为正式的交际场合,西方人可以使用"Mr./Mrs./Miss＋姓氏"的称谓方式。例如,如果某一成年男子的姓名是 Brian Smith,可称其为 Mr. Smith 或 Mr. Brian Smith;可以称其妻为 Mrs. Smith。

在中国,自古以来就有"重名分,讲人伦"的传统伦理思想。中国人在使用称谓用语时,有明显的辈分之分。在中国多数地区,在称呼父母时,不能直呼其名,对老年人更是不能直呼名字。此外,中国人也经常使用亲属关系来称呼邻里街坊,甚至是陌生人。例如:

称呼与自己父母年龄相近的长辈,可用"大伯、大妈(大娘、伯母)"和"大叔、大婶"等。

称呼同辈成年男子时,可用"大哥、老兄"和"兄弟、老弟"等。

称呼同辈成年女子时,可用"姐姐、大嫂"和"妹妹、小妹"等。

这些称呼的使用不分地位高低,容易使对方接受,并产生好感,这对交际的顺利进行是十分有利的。

不难看出,中西方的称谓用语存在很大差异。学生只有了解这些差异,在语言交际中使用正确的称谓用语,才能达到有效交际的目的。

2. 问候差异

西方人在见面时习惯说一些纯属客套的问候语。例如:
Good morning/afternoon/evening!
How are you?
How are you doing?
How is everything?
It's a lovely day, isn't it?

中国人见面时,常以对方的动向或处境为关注点来发问,如"上哪去?""吃过了吗?"这些问题在英美人看来都是个人私事,不能随便询问。如果将这些问候用语直接译为英文"Where are you going?""Have you eaten yet?"容易使英美人产生误解。"Where are you going?"可能会引起对方的不快,因此他们很有可能会产生这样的反应:"It's none of your business."

3. 邀请差异

在各个社会、各个群体中,均存在邀请这一现象。中西方文化不同,对"邀请"这一言语行为的社会规范也不同,使用的邀请用语也不同。

在西方社会,正式社交活动都会采用书面的形式向客人发出邀请;对诸如周末聚会、野餐等非正式的社交活动,他们一般会打电话告知客人,也可

第四章　大学英语教学中的文化性问题研究

以见面的时候口头邀请。

西方人发邀请时十分看重对方的意见。例如,美国人发邀请时,常说"Would you like to…"或"…come if you want to"等,给对方选择的自由。这样的邀请在中国人看来是不诚恳的。中国人在邀请别人时,经常使用"不见不散""一定要来啊"等话语,而且要反复说几次,以示诚意。

此外,如果去饭店吃饭,根据中国人的习俗,通常是由邀请人付账,但是英美人的习惯不同。对英美人而言,约朋友到饭店吃饭,吃完饭各付各的钱是很普遍的现象。如果对方说"Let's eat together."就暗示"going Dutch";如果对方说"I'll take you to dinner."则表示对方付钱。

4. 致谢差异

在英语国家,几乎在任何场合、任何关系中,人们都可以使用"Thank you."此外,英语国家的人表达谢意时常用这样的致谢语:"Thanks.""Thanks a lot.""Thank you very much."等。

中国人在表达谢意时常用"谢谢""多谢""非常感谢"等表达。

与西方人不同,中国人在以下几种场合中通常不用致谢。

(1)在中国,父母与子女、夫妻之间、兄弟姐妹之间、亲密朋友之间,一般不需要表达感谢。

(2)事情属于职责、义务范围内时,不用致谢。如果这样的情况下表示感谢,会让对方觉得别扭。

(3)面对赞扬,通常不用致谢,以免使对方觉得自己不谦虚。

5. 告别差异

中西方在与客人告别的方式、所使用的语言方面都存在很大的差异。

在英美国家,人们在告别时通常会微微一笑,说一些简单的告别用语,如"Good-bye.""Bye-bye.""Take care.""See you later."等。

中国人在告别时往往将客人送到家门口、楼下门洞、马路上,客人一般会对主人说"请留步",主人则会说"慢走""路上慢点""再来啊"等。但是,如果将这些话语直接译为英语,如"Walk slowly.""Go slowly.""Come again."等,则不符合英美人的习惯。

6. 道歉差异

不同的文化对"道歉"这一言语行为的规范有所不同。中西在道歉方面的差异有以下体现。

(1)使用频率

中国人对集体和谐非常注重。在交际中,中国人会尽可能地避免发生冲突,维护双方面子。由于冲突较少,因此中国人在交往过程中使用道歉的频率也较低。

西方人对个人意见与差异尤为重视。他们认为,适当程度的冲突是一种积极的行为,所以道歉频率相对较高。

(2)道歉策略

中西方对某些语境采取的道歉策略也存在差异。例如,在中国文化中,一些无法控制的行为,如打嗝、打喷嚏、咳嗽等,被视为正常的事情,无须为此道歉。与之不同,西方人则认为这些行为显得不礼貌,所以要说"Excuse me."

7. 赞扬差异

中西方在赞扬方面也不尽相同。英美人在赞扬别人时,通常希望别人以爽快的方式或道谢来做出回应。因此,英美人在接受别人的赞扬时,常回答"Thank you!""Thank you for saying so."等。

诸如下面的对话在英语中是很常见的。

A:It's a wonderful dish!
B:I'm glad you like it.

A:You can speak very good French.
B:Thank you.

中国人认为谦虚是一种美德,因此在面对别人的赞扬时,往往会说一些谦虚的话语。例如:

——您的英语讲得真好。
——哪里,哪里。/哦,不行,不行。

中国人这样的谦虚回答容易使英美人产生误解,认为对方是在怀疑自己的判断力。

二、大学英语文化教学的目标

2007年《大学英语课程教学要求》指出:"大学英语是以外语教学理论为指导,以英语语言知识与应用技能、跨文化交际和学习策略为主要内容,并集多种教学模式和教学手段为一体的教学体系",提出大学英语的教学目标是"培养学生的英语综合应用能力,特别是听说能力,使他们在今后工作

第四章　大学英语教学中的文化性问题研究

和社会交往中能用英语有效地进行交际,同时增强其自主学习能力,提高综合文化素养,以适应我国社会发展和国际交流的需要"。还提出:"大学英语课程不仅是一门语言基础课程,也是拓宽知识、了解世界文化的素质教育课程,兼有工具性和人文性。因此,设计大学英语课程时应当充分考虑对学生的文化素质培养和国际文化知识的传授。"由此可以看出,大学英语教学除了涉及语言知识、语言技能的内容之外,还应包括人文情感、人文素养和人文理想的培育。

根据李成洪(2013)的观点,大学英语文化教学的基本目标有以下三个。

(1)培育学生对不同文化积极理解的态度。不同文化之间存在诸多差异,分析对方文化的不同之处,使学生对自身文化有更深入的理解,同时更客观地把握不同文化的特性。

通过理性分析,了解异域文化中重要而细微的特点,接受与自身文化的差异。

(2)培养跨文化接触时的适应能力。在与不同文化第一次接触时,学生一般会遭受到文化冲击,形成一种不适感。所以,要使交际顺利进行,学生需要采取一定的措施来减缓冲击,提高自身的适应能力。

(3)培养跨文化交际的技能。学生应学习、掌握与不同文化背景的人打交道的技能,从而更好地适应跨文化交流的需要。

第四节　大学英语教学中强化文化性的原则与策略

一、大学英语教学中强化文化性的原则

大学英语教学中强化文化性可以遵循以下原则:以学生为中心原则、以理解为目标原则、传授式与体验式相结合的原则、实用性原则、对比性原则、文化平等原则、适度原则。

(一)以学生为中心原则

大学英语教学中强化文化性要坚持以学生为中心原则。这就要求教师在教学实践中应意识到学生的主体地位,有意识地引导学生对语言与文化进行感受与领悟,体验文化,同时注意对学生自主学习能力的培养,使学生完成知识与意义的内在建构。

在大学英语教学中,教学的设计和活动的安排均不可忽视各方面的因

素对学生学习可能产生的影响,不仅要关注英语语言知识的学习,更要关注学生对本族语和本族文化的理解与体验、对目的语文化的态度、学生个人的综合素质等。

(二)以理解为目标原则

文化理解指的是"学习者以客观、正确的态度看待、理解母语文化和目的语文化,并能以得体的行为方式与非本族语者进行跨文化交际"。只有正确地理解自身以及他国文化,才能更好地进行跨文化交际。

因此,大学英语教学中强化文化性应当坚持以理解为目标的原则。在教学过程中,教师可以采取分析或解释目的语文化等手段,帮助学生了解两种文化的差异以及差异的根源。此外,对教学进行评价时,教师需要考虑学生对目的语文化的共情能力,而非一味地关注学生对非本族文化的排斥或接受情况。

(三)传授式与体验式相结合的原则

在大学英语文化教学中,传授式教学和体验式教学是常用的两种教学模式。

传授式教学模式主要是讲授知识技能,多采取讨论、讲座等方法,旨在提升学生的认知理解能力,掌握语言知识与文化知识。它也存在不足之处,即学生一般是被动地接受知识,很少有机会进行实践。

体验式教学模式是以学生为中心的一种教学模式,通过创设真实的跨文化交际情境,使学生真实地感受、体验、认知和实践文化知识。这一模式能很好地弥补传授式教学模式的不足。

在具体的教学过程中,教师应注意根据教学情况,将这两种教学模式结合起来使用,确保教学中既有语言与文化知识的讲解,又有促进认知、培养实践能力的模拟活动、角色扮演等。

(四)实用性原则

大学英语教学中强化文化性要坚持实用性原则,也就是教师对于文化知识的讲解,应考虑学生所接触的语言内容、日常交际活动,确保具有关联性。例如,对于商贸专业的学生,应注重讲解商贸英语文化;对于法律专业的学生,应注重讲解法律英语文化;对于新闻专业的学生,应注重讲解新闻英语文化。

第四章 大学英语教学中的文化性问题研究

(五)对比性原则

大学英语教学中强化文化性需要遵循对比性原则。具体而言,教师要注意引导学生对两种不同文化(本国文化与目的语文化)进行对比分析,找出二者的异同。

对比性原则对于学生学习文化知识具有重要的意义,主要体现为以下几个方面。

(1)通过文化对比,能使学生更好地理解与把握英语国家文化,如价值观、思维方式、生活习惯、人生观等,找出与本国文化的不同之处,提高学生的文化理解能力。

(2)通过文化对比,引导学生将本国文化带入目的语国家文化中,学会对两种文化进行区分,辨别其中的可接受文化与不可接受文化。

(3)通过文化对比,能使学生对不同文化有更深层次的理解,在此基础上进行交际,能减少跨文化交际障碍。

(六)文化平等原则

不同国家、民族间有着各异的历史传统、文化特色、生活环境、风俗习惯等,但是每一种文化都是平等的,没有好坏、优劣之分。因此,大学英语教学强化文化性应坚持文化平等原则。

跨文化交际是两种或多种文化之间的碰撞与融合,是本土文化与异国文化之间的交际活动,交际双方应互相尊重、互相理解对方文化,这是跨文化交际顺利进行的基础。

就中西两种文化而言,两者各有自身的文化特色,在学习中应做到不盲从、不自卑。在大学英语教学中,教师应引导学生采取客观的态度来对待文化差异,避免偏见。

在大学英语教学中,教师应引导学生树立文化平等观念,在学习西方文化的过程中,采取客观、中立的态度,同时注意让学生使用英语介绍我国灿烂的文化。

(七)适度原则

大学英语教学中强化文化性应坚持适度原则,主要体现在两个层面。

适度原则首先体现在,语言教学中要讲解文化知识,并不意味着忽视对语言知识的讲授,在教学中仍旧需要以语言教学为主、文化教学辅助的方针。

适度原则还涉及所运用的教学材料、采用的教学方法都应做到适度。

适度的教学材料指文化教学材料要能代表某一国家的主流文化,而不是其特殊文化或个体文化。适度的教学方法指教师应努力创造更多机会,让学生进行自主学习与探究。

二、大学英语教学中强化文化性的策略

大学英语教学中强化文化性具体可以采取以下策略:教材大纲的理解与深化;教材品读、拓展与开发;提高教师自身文化素质;丰富课堂教学的文化内涵;组织课外文化活动。

(一)教学大纲的理解与深化

教学大纲是教学所要遵循的根本大法,但是大纲中对文化教学的内容、目标、方法或要求并没有明确的描述。大纲对听、说、读、写等知识性学习与技能性训练的指导相当成熟,而且十分完备,而对文化学习还没有给予充分的重视。

语言教学不讲文化,则会变得单调枯燥,缺乏美感;讲文化,现实上又缺乏一定的指导。所以,教师只能对大纲进行理解与深化,领略大纲精神,依据大纲原则,结合学校情况以及学生专业特点,制订出与本校情况相符的文化教学原则,对教学内容、目标以及基本要求加以确定,从而使语言课更有趣、更有深度,促进学生人文素养的提高。

(二)教材品读、拓展与开发

教师只有对教材有深入的理解,在课堂上才能做到张弛有度,才能激发学生的积极性。教师对教材的深刻品读,一个词、一个语言点、一个文化现象,均能结合个人的积累在课堂上做深入的拓展。

教材中罗列出所涉及的所有语言知识和文化知识是不可能的,所以教师应结合班级的实际情况,有针对性地对学生感兴趣的主要问题予以拓展和补充。

有时,教师还可以开发一些与文化学习有关的补充材料,尽可能地满足学生的文化学习需求。

(三)提高教师自身文化素质

教师可以通过以下策略来提高自身文化素质。

第四章　大学英语教学中的文化性问题研究

1.尊重文化差异,建立平等的文化观

各民族文化都有其独特的魅力,文化没有优劣之分。对于存在文化的差异,教师应予以承认、尊重、欣赏,同时注意将异域文化与本民族文化进行比较,进而取长补短,使本民族文化得以丰富,在与不同文化交流过程中促进本民族文化的发展。

2.充分发挥外籍教师作用

合格的外籍教师对本民族文化有全面、深刻的理解与把握,同时能尊重教学规律与学生发展规律。外籍教师一般可以弥补中国教师在外语词汇运用以及外语文化理解等方面的不足。

外籍教师与中国教师可以就教学中的实际问题进行讨论,找出解决途径或方法。外籍教师可以向中国教师了解他们不熟悉的情况,中国教师可以向外籍教师学习语言运用中的长处,相互合作,最终有效地完成教学任务。

3.重视与文化相关的教研、科研活动

文化方面的科研、教研活动可以揭示教学规律,对教学实践具有重要的指导作用。反过来,教学实践能为教研、科研提供及时的反馈。积极开展教研和科研活动,从而形成以科研和教研促进教学、教学为科研提供支持的良性循环。

(四)丰富课堂教学的文化内涵

丰富课堂教学的文化内涵,也能强化教学中的文化性。具体而言,教师可以采取以下策略。

1.充分利用多媒体直观教学

多媒体直观教学将教学材料生动地呈现给学生,能够调动学生学习的积极性,给学生留下深刻的印象,更好地完成教学任务。

例如,在具体的教学过程中,教师可以通过电影短片来反映中西文化差异。多媒体方便控制,且能反复播放,学生可以对短片进行模仿或改编,学习与练习相结合,更好地理解与把握文化差异。

需要指出的是,多媒体教学也存在一些不足之处,如果不注意克服,往往使教学流于形式。这就要求教师在制作多媒体课件、实施教学环节设计时要把握好科学性与实用性,从而获得良好的教学效果。

2. 加强汉英语言、文化差异的宏观比较

语言是传递文化的媒介，通过对语言进行宏观比较，可以更好地理解文化差异，促进语言学习。根据语言实践，一个人对文化理解越透彻，则对语言理解越深入。

在大学英语教学课堂上，教师对汉英语言、文化差异进行宏观比较，有利于学生从整体上把握两种语言与文化的差异，从而正确地使用语言，促进跨文化交际顺利进行。

3. 发掘文学作品中有益的文化素材

文学作品中通常含有很多文化素材，能体现出较为深层的文化底蕴。

文学作品带有一定的民族色彩。中国与英美国家在地理、历史、风俗等方面存在显著的差异，但是文学作品中都蕴藏着浓厚的民族文化意蕴。人们可以从其他文化中对自身文化进行反观，在接触其他文化的过程中，对自己民族和世界其他民族的差别与联系有更深入的理解，使人们对文化有更好的认知。

这些文学作品中的精髓通常会对民族性格与精神产生深远的影响。学生经常阅读这些作品，有利于锻炼并提高思维能力、鉴赏能力，有利于拓宽对不同社会文化行为与价值观的理解。

（五）组织课外文化活动

课外文化活动丰富多彩，这里主要介绍以下几种活动形式。

1. 文化讲座

邀请文化学者和专家进行文化讲座，可以有效地帮助学生提高文化修养。文化讲座通常主题明确，论证有力，兼备高度、深度与广度。通过文化讲座，学生能快速地了解英美国家的文化背景知识。

此外，文化讲座中经常会安排讲座者与听众的互动，学生可以就自己思考的问题与讲座者进行讨教与交流，这有利于锻炼学生思维，提高学生对文化的认识。

2. 关注大众传媒

文化传承是大众传媒的主要功能之一。在日常生活中，常见的大众传媒有广播、电视、报纸、书刊、网络，它们一般具有较强的实效性。通过大众传媒，一般可以了解最新的资讯，把握世界文化的脉动。教师可以就某一文

第四章　大学英语教学中的文化性问题研究

化热点问题给学生布置作业,要求学生对此展开讨论,使学生通过对这些问题的关注而逐渐了解相关文化的内涵,更好地认识世界。

3.英语文艺会演活动

英语文艺会演活动可采取多种形式,对提升学生的英语学习热情、巩固英语运用能力等都具有不可替代的作用,具体体现在以下几个方面。

(1)在英语文艺会演前,每名参与者都必须进行相关准备,这有利于在无形之中提高学生的语言能力。

(2)英语文艺会演的节目水平通常与学生的英语学习水平相当或者更高一些,这对于表演者、观看者都能起到巩固学习成果、深化对语言知识的理解的作用。

(3)英语文艺会演气氛轻松,趣味性强,可使学生真实感受英语的实际作用,所以很容易激发他们对英语学习产生浓厚的兴趣和持续的学习热情。

(4)参与表演的过程是一个极好的展示机会,学生既可使听说技能得到很好的锻炼,还可以体验到前所未有的自信。

4.英语专题性活动

开展专题性英语实践活动,不仅有利于学生协调发展阅读、写作和口语交际能力,还有利于提高学生在实践中综合运用语言文字的能力,因而也是英语课外教学活动的一种有效方式。

英语教师组织专题性活动时,应从以下三个方面进行综合考虑。

(1)学生的英语水平和生活经验。

(2)学校和学生的实际情况。

(3)依据活动主题的不同特点,灵活选择完成方式,如独自完成或小组合作完成。

例如,环保问题日益引起广泛的关注,教师可从以下几个方面对学生进行引导。

(1)了解近年来发生的环境变化。

(2)调查周围的生活环境。

(3)提出保护环境的措施。

(4)按照要求完成调查报告。

5.英文歌曲演唱

在课外活动中,英文歌曲演唱也是比较常见的一种活动。教师应鼓励学生参加英文歌唱小组,这样既能使学生的心理需求得到满足,也有利于促进学生听力水平的提高。此外,教师可将英文歌唱小组与英文歌唱比赛两种活动结合起来,并计算出成绩,依次排序,使学生获得成就感,同时提升学生的集体荣誉感,培养学生的团队合作精神。

教师应认真选择英文歌曲,具体需注意以下几个方面。

(1)内容的趣味性。为了激发学生的兴趣,使学生主动参与活动,教师应尽可能选择内容有趣的英文歌曲,让学生感受听歌与学歌的乐趣。

(2)语言的真实性与可操作性。教师既要确保所提供的英文歌曲语言的真实性,使学生在真实的语境下学习纯正的英语,又要确保歌曲语言具有可操作性,不用或少用含有方言或俚语等特殊语言现象的歌曲。

(3)难度的层次性。不同学生,其语言水平与听力水平也不同,教师可以据此分配小组成员,并为不同的小组选择不同难度的英文歌曲。

第五章　跨文化交际语境下的大学英语词汇和语法教学探究

众所周知,词汇和语法是英语语言的基本组成部分,也是教师教学和学生学习的重要内容。具体来说,词汇是构建英语大厦的基石,语法则是词汇组成句子、段落与语篇的规则。可见,如果不具备基本的词汇与语法知识,就无法对英语进行运用。随着学习阶段的不断提升,大学英语词汇和语法教学有了更高的目标,不仅要求学生掌握基本的英语词汇和语法知识,更要求学生掌握一定的文化知识,因为文化与语言之间的关系十分紧密,这样可有效提高学生的英语综合能力,培养学生运用英语语言知识进行跨文化交际实践的能力。因此,在跨文化交际语境下探究大学英语词汇和语法教学具有重要意义。

第一节　跨文化交际语境下的大学英语词汇教学探究

语音、语法和词汇是构成英语语言的三个要素。而词汇则是语音和语法的载体,是构成语言大厦的建筑材料。对于外语学习来说,如果学生的词汇量不足,将难以有效地进行听、说、读、写、译活动,交际也就无从说起,因此掌握足够的词汇是成功运用外语的关键。因为文化对词汇有着较大影响,所以大学英语词汇教学应在跨文化交际语境下开展,这样能更加有效地强化学生的词汇能力,提高学生的跨文化交际水平。

一、大学英语词汇教学存在的问题

词汇学习是语言学习的重要一步,所以词汇备受教师和学生的重视,但在大学英语教学中,词汇教学仍存在诸多问题,具体体现在教师和学生两个层面。

（一）教师教学中存在的问题

1. 学生的主体地位被忽视

现代英语教育强调学生是教学的中心，教学中应突出学生的主体地位，而不是教师的主体地位，教师要扮演好引导者的角色，充分发挥主导作用。但现实情况是，这种教学思想并没有得到落实，学生的主体性常被忽视，这种情况在大学英语词汇教学中也体现得十分明显。

大学英语词汇教学应注重对学生智力的开发，重点培养学生的记忆力、观察力、想象力、思维能力以及创造能力，但这些并没有引起教师的重视，取而代之的是"教师只顾教，忽视学生学"的不良现象。在具体的教学中，教师常向学生大量灌输词汇含义、词汇规律、词汇搭配等知识，而忽视了学生的感受，没有考虑学生是否感兴趣、是否需要，更没有顾及学生的接收效果。实际上，经过多年学习之后，大学生已经掌握了一定量的词汇内容，也拥有了对词汇规律进行归纳和总结的能力，此时教师应转变教师角色，将主动权交给学生，积极引导学生独立进行思考和归纳词汇规律，教会学生如何学习词汇，这对提高学生的词汇学习能力十分有利。

2. 教学方式单一

词汇学习对英语学习而言至关重要，但词汇的记忆和学习是比较枯燥的，这就需要教师通过采用多样化的教学方法来改善枯燥的课堂教学现状，激发学生学习的兴趣。然而，在现在的大学英语词汇教学中，教师依然采用传统的教学方式，即教师带领学生读，讲解重点词汇用法，学生记忆单词。这种单一、乏味的教学方式不仅忽视了学生的主体地位，让学生始终处于被动的学习状态，而且也不能有效调动学生的积极性，甚至会引发学生的抵触情绪，教学与学习效果自然无法提高。

3. 缺乏实践

词汇学习的目的并不仅是积累词汇知识，而是运用词汇进行交际，因此交际也最能检验学生词汇的学习情况。在词汇学习过程中，遗忘快是学生普遍存在的问题，虽然学生当时记住了单词含义，但如果长时间不用就会逐渐生疏甚至遗忘。因此，在大学英语词汇教学中，教师应重视学生对词汇的使用，将学生的词汇学习和使用连起来，让学生在听、说、读、写、译活动中加深对词汇的理解和巩固，使学生有效掌握和运用词汇。

第五章　跨文化交际语境下的大学英语词汇和语法教学探究

(二)学生学习中存在的问题

1.死记硬背

在英语学习过程中,学生普遍重视词汇的学习,常通过死记硬背的方式来积累词汇,但效果不佳。这是因为学生虽然采用死记硬背的方式一时记住了单词,但一时背下来的单词是很难深刻记忆的,而且容易遗忘。实际上,每个词汇只有在实际的语境中才具有准确、清楚的含义,因此学生应将词汇与语境结合起来理解和记忆词汇,这样记忆才会更加有效。

2.重数量,轻质量

词汇学习涉及两个方面,一个是数量,另一个是质量,二者是相辅相成、相互统一的。如果只注重数量而质量不佳,那么词汇学习将没有意义;如果保障了质量却没有数量,那么词汇学习将难以进展。质量是数量的基础和前提,数量是质量的表现,只有将两者相平衡,才能实现最佳的学习效果。但长期以来,学生都普遍注重数量而忽视质量,这严重影响了学生对词汇的深刻理解和有效运用,这也是学生产生其他词汇学习问题的根源之一。

3.重词义,轻用法

学生在学习词汇的过程中常常将大部分精力放在词义的理解上,这最终导致学生只知道单词含义,而不知道单词的常用搭配、习惯表达以及相关习语等,进而在口语表达和写作中不能准确地使用,造成学用脱节。

二、文化因素对大学英语词汇教学的影响

语言是文化的折射镜,通过一个民族的文化可以窥见该民族绚丽的文化形态,而一个民族的文化最先通过语言中的词汇表现出来,而不同民族间的文化差异在词汇上的表现也最为明显。因为文化的不同,英汉词汇的内涵与外延都有着极大的不同,这种差异也对英语词汇的学习以及教学有着重要的影响。

(一)英汉词汇的概念意义相同或相似

同一个词在英汉语言中可能有着联想意义和指示意义相同或相似的情况。例如,fox在英汉语言中既有"狐狸"的意思,又有"奸诈,狡猾"的意义。再如,swan在英汉语言中既有"天鹅"的意思,又有"高雅的人或物"

的意思。但是,在英语中,swan还表示"才华横溢的优秀诗人"。在英语词汇教学中,当遇到这种词汇时,教师应详细讲解它们的联想意义和指示意义的相同和不同之处,让学生清楚它们的异同,进而掌握它们的具体应用情况。

(二)英汉词汇的概念意义相同,但内涵意义不同

即使英汉词汇的概念意义相同或相似,但是因为有些词汇的文化背景不同,而形成了不同的文化内涵。例如,peasant一词在英语中主要指素质低下、没受过良好的教育、言行粗鲁的人;但在汉语中仅用来指在农田里劳作、干活的人。再如,politician在英语中指牟取个人私利、使用诡计、不择手段的政客;但在汉语中仅指从政的人。因此,在英语词汇教学中,教师在讲解词汇的概念意义的基础上,也要注意讲解其内涵意义,使学生更准确地使用所学词汇。

(三)只在英汉某种语言中有特定文化内涵的词汇

有的词汇在特定的文化中有着特定的文化内涵。以植物词汇为例,英语中一些植物的名称有着独特的联想内涵,如英国的yew(紫杉)通常在墓园中种植的较多,所以含有一种悲哀的情绪;lily(百合花)在西方人看来就是大自然的恩赐,一般用于象征纯洁、高贵、完美无瑕,但这种花在汉语中仅为一种植物的名称。

汉语也常常用植物抒发一些特殊的情感,不同植物的特定形态和习性往往可以引发不同的联想。例如,红豆有相思之意。王维的《相思》:"红豆生南国,春来发几枝。愿君多采撷,此物最相思。"可见,诗人赋予红豆一种浓厚的感情色彩。再如,成语"胸有成竹"主要表达坚定的决心和信念,并且"竹"本身也代表崇高、坚定和谦逊的品格和情操。

此外,一些来自古希腊神话、古罗马神话以及汉语文学作品中的词汇有着特定的文化内涵,所以应该基于特定文化背景了解它们的文化内涵。例如,古希腊神话中的Achilles' heel(阿克琉斯的脚踵)指致命的弱点。再如,英国小说《大卫·科波菲尔》中的人物Micawber,主要指没有长远打算,是期待好运气的乐天派。

由于文化具有独特性,因此也会出现一种词汇在另一语言背景下属于语义空缺,即"词汇空缺"的现象。这种空缺的词汇常常会使处于另一种文化背景的使用者很费解。例如,英语文化中的Nazi(纳粹)、hippie(嬉皮士)、montage(蒙太奇)等虽然可以用汉语表达,但一般都是音译或假借而来的,其实在汉语中并没有真正的对应词汇。再如,中国传统文化中的"风

第五章　跨文化交际语境下的大学英语词汇和语法教学探究

水""阴阳""乾坤""观音""炕"等概念在英语中并不存在。学生习惯了通过寻找相对应的词义来学习英语词汇,而这种词汇空缺现象必然会对学生的英语词汇学习造成影响,自然也会对大学英语词汇教学造成影响,因此这种现象应引起教师和学生的重视。在具体的大学英语词汇教学中,教师应采用英语释义法对这些词语进行讲解,即详细说明它们在英语中的含义及使用情况,以使学生对它们的概念和意义有一个清晰的认识,为将来语言交际中的使用奠定基础。

三、跨文化交际语境下大学英语词汇教学的原则

为了更加有效地组织词汇教学活动,促进词汇教学的进步,提高学生的词汇能力,并培养学生的文化素养和跨文化交际能力,跨文化交际语境下的大学英语词汇教学应遵循以下几项科学的教学原则。

(一)目标分类原则

在大学英语词汇教学中,教师应遵循目标分类原则,即以学生的具体需求、学习特点等为根据确定词汇学习的目标。具体而言,大学英语词汇的学习目标包括过目词汇、识别词汇和运用词汇三类。

(1)过目词汇指的是在表达过程中起配合作用的词汇。在学习过程中,学生只需要大体了解这类词汇即可。

(2)识别词汇指的是能够帮助语境理解的词汇,学生在阅读过程中可以通过上下文等手段了解其含义。针对这种词汇,学生只需要了解其语义即可,不需要掌握词汇的属性与用法。

(3)运用词汇是学生词汇学习的重点,使用频率较高。但需要指出的是,不同的专业、不同的行业其语言使用的侧重点不同,因此运用词汇也会有所差异。

可以看出,英语词汇教学并非让学生掌握全部的词汇,这是不现实的,也是没有什么效率的。教师应该结合词汇教学目的,让学生有选择性地积累一定的词汇,在掌握所需词汇的同时节省学习时间。

(二)词汇呈现原则

在词汇教学过程中,词汇的呈现是首要步骤。由于词汇呈现能够给学习者留下词汇的第一印象,因此在很大程度上影响着学生词汇学习的兴趣。鉴于此,词汇教学过程中应该遵循词汇呈现原则,坚持呈现的情境性、趣味性和直观性。

情境性指的是在词汇呈现过程中将词汇置于一定的情境当中,让学生在不同的情境中了解词汇的意义。趣味性指的是词汇呈现可以采用多种方式与多种形式进行,从而吸引学生的词汇学习兴趣。直观性主要针对物质性名词,教师可以利用实物、道具等展示具体词汇。

词汇呈现对后续词汇教学与吸收有着重要的影响,教师可以从具体的学生情况、教学条件等角度出发丰富词汇呈现方式。

(三)循序渐进原则

循序渐进原则是指英语词汇教学应该在数量和质量平衡的基础上对所教内容逐层加深。在循序渐进原则的指引下,英语词汇教学并不能单纯追求词汇掌握数量,也应该重视词汇掌握的质量与数量程度,应该做到在增长词汇数量的基础上,提升词汇使用的熟练程度。

在大学英语词汇教学中,质和量是分不开的,词汇越多,词汇之间的联系性与系统性就越强,学生进行词汇巩固的自然度就越高。所谓逐层加深,指的是对于词汇的教学不可能一次性教授词汇的所有语义,学生也不可能一次性掌握全部知识点,因此词汇的教学与学习都应该有一个由浅入深的过程。

综上所述,词汇教学过程一定要避免急于求成。教师要在教学中让学生不断掌握每一个词的音、形、义、用,教学有一定的质量和效果,程度不断推进与加深,以此才能不断提升英语词汇教学质量,并使学生在点滴中提升词汇学习的效果。

(四)联系文化原则

英语词汇教学的目的是为日后的跨语言交际服务,因此教学的展开需要遵循联系文化原则。语言是文化的载体,词汇则是语言的基础。因此,在词汇教学过程中无论是在词义、结构方面都应该和语言背后的文化相联系。在不同的语言文化中,即使存在概念意义相同的词汇,在具体使用和表达意义方面也可能存在着很大的差异。

对于语言文化的理解有助于加深学习者对词汇的理解,并使学习者能够掌握词汇演变的规律,更加全面、有效地使用词汇。例如,news 一词是由 north,east,west 和 south 每个词的首字母构成的。了解了这一点,学生就不难理解其含义为什么是"新闻"了:news 是来自四面八方的消息。

英语词汇教学的展开需要在遵循上述语言教学普遍规则的基础上展开,从而使教学在整体框架中进行。

(五)回顾拓展原则

回顾拓展原则是对之前词汇教学的深化。在具体的教学过程中需要教师结合新教授词汇和已教授词汇,从而夯实学生词汇掌握效果,同时让学生接触新的词汇知识。需要注意的是,词汇知识的回顾是为了词汇的拓展服务的。教师需要拓宽学生的词汇接触面,增强学生对词汇的理解程度,在原有词汇基础上提升学生的语言运用能力。

词汇教学过程中教师需要把握好回顾拓展原则的界限,教学的进行需要考虑学生的具体词汇接受程度,否则无效的词汇拓展只会加深学生理解的难度,降低学生对词汇学习的兴趣。

(六)词汇运用原则

词汇学习的目的是词汇的使用。词汇运用原则要求教师在教学过程中要注意词汇使用知识的传授。这就是说,教师不能仅对词汇基本含义进行介绍,还应该从语境和语言运用的角度让学生理解词汇的具体用法。遵循词汇运用原则的词汇教学应该注意以下几个方面的问题。

(1)词汇运用活动的设计应该符合学生的特点。

(2)在词汇教学过程中应该培养学生的词汇联想能力。

(3)词汇教学过程中要注意词汇练习,保证练习的质量,切实有效提升词汇运用效果。

四、跨文化交际语境下大学英语词汇教学的方法

鉴于中西方文化差异对英语词汇课堂教学的影响,在具体的教学中教师应根据教学对象灵活选用教学方法,培养学生的文化素养,提高学生的词汇能力。

(一)文化教学法

在具体的大学英语词汇教学中,教师可以采用文化教学法开展教学,即在英语词汇教学中融入词汇知识,以丰富学生的文化知识,提高学生的词汇运用能力,具体教师可采用以下几种方法开展文化教学。

1. 融入法

在我国,学生主要是通过课堂教学学习英语的,平时很少有机会接触英语环境,在遇到与课文相关的文化知识时,往往会非常迷惑。此时,教师就

要积极发挥其主导作用,采用融入法在课堂教学中融入一些英语文化知识,即在备课时精选一些典型内容与教学相关的文化信息材料,将它们恰到好处地运用到课堂上,以增加课堂教学的知识性、趣味性,活跃课堂气氛,加深学习内容的深度和广度,激发学生的求知欲。例如,对于 the Big Apple 这一表达,学生基本知道其字面含义,也有部分学生知道其是纽约市的别称。但它为什么被作为纽约的别称呢?对此,教师就可以融入美国的历史文化,这样可以使学生对英美文化有一个充分的认识。

2. 扩充法

课堂教学时间毕竟是有限的,因此教师可引导学生进行自主学习,即充分利用课外时间来扩充词汇量,丰富词汇文化知识,具体可采用以下几种方式。

(1)推荐阅读

词汇的文化内涵是极其丰富的,涉及生活的方方面面,教师在课堂上不可能讲授所有相关的文化知识,因此为了扩大学生的知识面,丰富学生的词汇文化知识,就可以有意识地指导学生进行课外阅读。教师可以选择性地向学生推荐一些有关英美国家社会文化背景知识的优秀书刊,如《英语学习文化背景》《英美概况》以及 China Daily 等,还可以引导学生阅读英文名著,让学生深刻体会英美民族文化的精华。这不仅能培养学生的自主学习能力,还能丰富学生的文化知识,扩充学生的词汇量。

(2)开展实践活动

跨文化意识的培养不能仅仅依靠知识的灌溉,还要依靠大量的实践活动,通过实际交际来感受不同文化间的差异,从而形成对文化差异的敏感性,并在交际实践中调整自己的语言理解和语言产出。因此,教师应积极为学生创设情境,鼓励学生积极参与实践活动,从而丰富学生的词汇文化知识。例如,教师可以鼓励学生参与英语角、英语讲座等,让学生置身于英语环境中,感受和学习英语文化知识。

(3)观看英语电影

很多英语电影都蕴含着浓厚的英美文化,而且语言通俗、地道,因此教师可以引导学生观看一些英语电影。观看英语电影不仅能调动学生的积极性,而且能让学生切实感受英美文化,接触地道的英语,对于提高学生的文化素养和英语能力十分有利。

3. 对比分析法

英汉文化间有着很大的差异,只有通过文化对比,才能了解英语和母语

第五章　跨文化交际语境下的大学英语词汇和语法教学探究

语言结构和文化间的差异，从而获得跨文化交际的敏感性。因此，在英语词汇教学中，教师应有意识地对中西词汇文化进行比较分析，使学生了解中西词汇的文化差异，深刻理解和掌握词汇文化的内涵。

例如，教师可以通过对学生讲述及对比中外美食的差异，来达到学习内化有关食物（food）、食材（material and stuff）、味道（flavor and taste）、质地（texture）的英语词汇的目的。具体而言，课前要求学生自行观看《舌尖上的中国》（A Bite of China）、《食神》（The God of Cookery）等视频及影片，并根据视频及影片中的英文字幕了解相关内容及词汇表达，并制作PPT。然后在课堂上以小组为单位进行讨论，要求学生根据之前观看的视频及影片内容以及结合课内单元所学的词汇把单词罗列出来，并通过网上搜索的形式进行补充、汇总。接着教师呈现一些单词，如 cookie、pastry、popcorn、biscuit/cracker、porridge、spring rolls、chow mein、wonton、tofu、dim sum、French fries、potato chips、asparagus、bland、soggy、crispy、buttery、crunchy、oily、creamy、sour、spicy 等，单词可以以图片结合文字、实物等形式用PPT在投影上展示，在规定的时间内让学生熟悉。另外，教师还要为学生提供一些重点句型，如 This is my favorite … ; Why don't we … ; My suggestion is … ; If I were you, I would … ; It might be a good idea for us to … ; I prefer … to … 等。进而要求学生将关于中国美食（包括地方美食）、欧美地区美食、东南亚美食、拉美及南美地区美食及饮食文化习惯的词汇进行归类，以小组为单位，利用多媒体教室的电脑对之前做的PPT进行修改补充。

之后，将学生分为四人小组，或让学生自行组成四人小组，可以结合自身的旅游经历，运用之前补充并学习的词汇来描述国外美食、中华传统美食包括家乡地方美食，并谈论自己喜爱的食物，或进一步运用词汇和短语讨论美食与健康养生之间的关系。例如：

I prefer spring rolls（春卷），chow mein（炒面），jiaozi（饺子） and wonton（馄饨）are also my favorite, why don't we have a try?

I lived in Thailand for 6 months, so I love Thailand food so much. Maybe it's too spicy for you, but not for me. I came home a month ago. The food in my hometown tastes so bland—I don't like it anymore.

I have a "sweet tooth", which means I like sweet food. Dessert is my favorite; I like anything with chocolate in it.

I think I am overweight, so I need to go on a diet. I have to give up my favorite buttery food. Actually I know the creamy and buttery food is bad for my health. But it's too hard.

Indeed I prefer healthy food to buttery, oily or sweet food. Actually vegetables and fruits supply more vitamins, fibers and minerals, which are quite good for health.

教师鼓励学生主动到讲台上结合 PPT 内容,向全班做 presentation,描述中外各国美食并发表自己的看法。最后,师生共同参与,选出优秀 presenter 并给予奖励。

这样的教学为学生提供了充分运用名词、形容词等词汇及各种短语来描述中西方美食及饮食文化的机会,并在拓展阶段进一步探讨多元文化环境下不同美食及饮食文化的差异及中西方对饮食养生的观念差异。在整个教学环节学生以小组为单位,围绕不同国家美食文化和饮食养生的主题进行合作与探究,明确了学生的主体地位。学生在小组互动交流和课堂展示的活动环节中,通过交际任务不仅复习和巩固了相关文化词汇,还使学生能够运用语言做事情,最终使学生的词汇学习和运用达到统一,学以致用。

(二)词汇游戏教学法

随着计算机和网络技术的迅速发展并得到广泛应用。网络游戏改变了单一的人机对话方式,开始逐步强调人性交流,伴随着计算机网络技术发展而迅速发展起来。网络游戏为游戏者提供了一个逼真、互动、多样、平等的虚拟世界,作为一种新的教育方式迅速普及和发展起来。

随着网络游戏在教育领域的发展,出现了很多的教育游戏软件,学生可以在玩游戏的过程中理解和掌握需要学习的单词,如跳跳熊单词拼写游戏、单词游戏乐园、玩游戏背单词等英语词汇教育游戏软件。学生通过运用这些词汇教育游戏软件,可以在游戏的语境中练习各类单词的发音、拼写、记忆等。词汇教育游戏的广泛应用,有利于提高学生学习英语词汇的乐趣。游戏能为学习者提供和创设自然丰富逼真的学习环境,激发学习者的兴趣,使学习者在愉悦的氛围中不自觉地掌握知识。学习者以游戏的心态投入学习中来,效果是可想而知的。

具体而言,教师应用游戏来改进传统词汇教学模式的弊端。传统的词汇教育方式一般是教师先读单词,之后学生跟着读,接着教师逐个讲解单词的含义,学生在学习单词的过程中一直处于被动的状态。然而通过运用英语词汇教育游戏进行英语课堂教学,有利于转变传统的词汇教育模式。生动活泼的小游戏能够使学生更好地理解和掌握自己所学的词汇,从而快速、准确地熟悉各类短语和对话,主要通过人机交互或者人人交互来很好地将学习到的知识积极地吸收。词汇教育游戏的教学方式有利于克服传统词汇教学方式单调陈旧和课堂组织形式保守等各种弊端。

此外,教师可应用词汇教育游戏,为学生创设真实、地道的英语词汇学习环境。一方面,以多媒体作为主要载体的教育游戏能够为学生创设良好英语学习的环境。学习时可以提供真实、地道的语音资料,配以原汁原味的英美文化插图、游戏,让学生有种身临其境的感觉,好像学生本身已经到达了遥远的大洋彼岸,会不自觉地将自己置身于英语语言环境中学习英语词汇。另一方面,学生可以在玩游戏的过程中体验西方文化,加深中西文化差异的理解。教育游戏可以为学生学习英语提供非常感性的材料,教育游戏可以将学生学习的背景文化设计成各种游戏情节,在学生体验游戏的同时,加深学生对西方背景文化的全面了解,在快乐的游戏中完成既定的教学目标。

需要注意的是,任何事物都具有两面性,教育游戏也是如此。教育游戏不仅有积极的一面,利于给学生创造真实的语言环境,从而学习英语词汇;还有消极的一面,由于很多青少年缺乏自我约束力和控制力,导致长期沉溺于网络游戏的虚拟世界中,危害他们的身心健康,对正常的学习也会造成很大的消极影响。因此,在运用游戏软件进行英语词汇教学的过程中,需要辩证地看待游戏的应用。

第二节 跨文化交际语境下的大学英语语法教学探究

语法是语言中的词、词组、短语及分句的排列规则、规律和方式,要想掌握一门语言,就必须掌握其语法规则。语法的学习是为了跨文化交际服务的,所以在大学英语教学中,教师除了教授学生语法知识外,也应不断丰富学生的文化知识。本节将对跨文化交际语境下的大学英语语法教学进行探究。

一、大学英语语法教学存在的问题

虽然语法是大学英语教学的基础,对学生的英语学习起着重要的促进作用,但在教师的语法教学和学生的语法学习中仍存在着很多问题,教学和学习现状并不佳。

(一)教师教学中存在的问题

1. 忽视语法的重要性

语法对于英语学习的重要性是不言而喻的,但在大学英语教学中,很多教师认为学生已经基本掌握英语语法,从而"淡化"语法教学,轻视语法的重要性。实际上,虽然大学生已学习多年语法,但学习时间长并不代表学得就好。此外,虽然英语考试中没有直接针对英语语法的题目,但任何句子的分析都离不开语法,尤其是在阅读中,语法贯穿于英语考试的始终,在考试中占据着很大的分值。对此,教师不应忽视语法教学的重要意义,应对语法教学加以重视,激励学生积极地学习语法。

2. 教学方式单一,忽视文化教学

英语语法复杂烦琐,学习起来也枯燥乏味,所以大部分学生对语法学习不感兴趣。要改善这种情况,就需要教师采用创新性的教学方式,使枯燥的语法学习变得生动有趣。然而,在实际的大学英语语法教学中,大部分教师仍采用传统的教学方式,即先讲解语法概念和规则,然后做相应的练习。在这样的教学模式中,教师占据着主体地位,学生只能被动地接受,这不仅不符合现代教育的思想,也无法激发学生的积极性,更不能有效培养学生的语法能力。

此外,教师也没有将语法教学与文化教学结合起来,这样无法使学生明白因文化差异而造成的英汉语法差异,不利于学生深入了解和掌握语法知识。

3. 忽视语言情境

即使到大学阶段,英语语法教学仍然是在汉语环境下进行的,学生接触英语情境的机会很少。语法学习仅仅是一种手段,其最终目的就是将其应用于实际的生活中解决语言的交际问题。语法教学并不仅仅是为学生掌握语法知识服务的,而是为学生的跨文化交际服务的。但我国大学英语语法教学的一个显著问题就是教师在教学中将具体语法知识条目意义的理解和功能运用与语境割裂开来,使学生难以准确理解某个语法知识点适用于哪种语言情境,这对学生有效掌握和运用语法知识是非常不利的。

(二)学生学习中存在的问题

1. 对语法缺乏敏感度

因长期在汉语环境下学习英语,学生深受汉语思维的影响,缺乏对英语语法的敏感度,这一问题在改错和写作中表现得十分明显。改错在英语考试中是非常常见的题型,但学生普遍惧怕改错题,因为改错题中出现的错误也是他们经常犯的错误,所以他们很难发现题目中的错误所在。此外,学生在英语写作中也常出现语法错误,这也是因缺乏语法敏感度而造成的。

第五章 跨文化交际语境下的大学英语词汇和语法教学探究

2.缺乏有效学习方法

在英语语法学习中,很多学生都没有掌握有效的方法,这使得他们掌握的语法知识太零散,没能形成完整的体系。在语法学习过程中,学生往往十分被动,通常是遇到新的语法问题时才会去学习。而且,学生在学完一篇文章之后,就将文章中的语法知识抛在脑后,这对于学生有效掌握语法知识十分不利。

二、文化因素对大学英语语法教学的影响

因生活环境、历史文化、思维方式的不同,不同文化背景下的人们在组织语言时会有其独特的习惯。就语言中的语法而言,语法中的句子结构因受文化因素的影响也会出现很大差异。

英语语法是语言交流的基础,没有语法就无法说出正确的句子,也就无法表达意图;只懂语法而对文化一无所知同样也会造成语言交流的障碍,二者之间是一种相辅相成的关系。语法学习可以促进语法能力的提高,语法能力的提高可以有效地传播文化内涵。

如果不了解英汉语言在结构上的差异,就很可能按照汉语思维来表达英语句子,进而出现很多的语法问题。下面就来体会一下英汉语法的差异。

(一)构建方式的文化差异

1.英语注重形合

根据《美国传统词典》(*American Heritage Dictionary*),形合(hypotaxis)是指"The dependent or subordinate construction or relationship of clauses with connectives, for example, I shall despair if you don't come."即语法手段是英语句子之间的主要连接方式。

具体来说,以形显义是英语句法的重要特征。为了满足句义表达的需要,有时应将句子中的词语、短语、分句或从句进行连接,英语常采取一些语法手段,如关联词、引导词等,以此来从意义与结构两个方面实现句子的完整性。例如:

And he knew how ashamed he would have been if she had known his mother and the kind of place in which he was born, and the kind of people among whom he was born.

他知道他该有多尴尬如果她认识他母亲,认识他出生的这样的地方,认

识他出生时周围的那些人的话。

本例包含宾语从句、条件状语从句以及两个定语从句。尽管具有较为复杂的结构,其内在的逻辑关系却十分清晰,这正是英语形合的典型特点。

2. 汉语注重意合

根据《世界图书英语大词典》(*The World Book Dictionary*),意合(parataxis)是指"The juxtaposition of clauses or phrases without the use of coordinating or subordinating conjunctions, for example: it was cold; the snows came."即句间与句内的联系主要依靠意义之间的逻辑关系。

与英语中的以形显义形成鲜明对比的是,汉语往往呈现形散神聚的特征。具体来说,顺序标志词、逻辑关系词等明显的连接形式在汉语中较少出现,句子的含义常常通过动词来表示,且读者往往需要进行积极思考才能将句子的内在逻辑关系梳理清楚。例如:

盼望着,盼望着,东风来了,春天的脚步近了。

一切都像刚睡醒的样子,欣欣然张开了眼。山朗润起来了,水涨起来了,太阳的脸红起来了。

……

(朱自清《春》)

本例过渡自然、主题集中,且几乎没有使用连词,充分体现了汉语意合的特点。

(二)重心位置的文化差异

句子的长短具有伸缩性。但无论长短,英汉句子都有一个重心,即主要观点或重要信息,通常包括结果、结论、事实、假设等内容。需要特别说明的是,因为英汉两个民族具有不同的价值观念与思维习惯,句子重心在汉英两种语言中的位置往往存在明显差别。

1. 英语句子的重心位置

开门见山是典型的英语表达习惯,因此思想、感情、态度、意见等内容常常在句子的开头部分进行表达,这主要是由于受到直线型思维方式的影响。可见,英语句子常采取前重心,即重要信息常常位于前面,具体有以下几种表现方式。

(1)在需要对逻辑思维进行表达时,通常将结论、判断等前置,将事实、前提、条件等后置。

第五章　跨文化交际语境下的大学英语词汇和语法教学探究

(2)在表态与叙事并存的情况下,通常将表态部分看作重要信息,将叙事部分看作次要信息。因此,表态部分常前置,叙事部分常后置。

(3)在需要叙事的情况下,通常将事件前置,将事件的背景后置;将最近发生的事情前置,将过去发生的事情后置。

下面来看一个例子。

It is very kind of you to help me so much!

你帮我这么多,真是太好了!

可以看出,英语句子将叙事部分 to help me so much 置于表态部分 It is very kind of you 的后面,汉语句子则采取了完全相反的顺序。这充分体现出英汉句子在重心位置方面的差异。

2. 汉语句子的重心位置

汉语句子常采取后重心,即将重要信息在结尾处进行表达。这主要是由于中国人更倾向于螺旋型的思维方式,因此表述时常以逻辑顺序或时间顺序为线索,具体有以下几种表现方式。

(1)当需要对逻辑思维进行表达时,通常将事实、前提、条件等前置,将结论、判断等后置。

(2)在表态与叙事并存的情况下,通常将叙事部分看作重要信息,将表态部分看作次要信息。因此,叙事部分常前置,表态部分常后置。

(3)在需要叙事的情况下,通常将事件的背景前置,将事件后置;将过去发生的事情前置,将最近发生的事情后置。

(三)语态的文化差异

1. 英语语态

从语态上来看,英语句式中常使用被动语态,通常包括以下几种情况。

(1)无从说出动作的实施者是谁。例如:

You're wanted on the phone.

你的电话。

(2)实现语气委婉、措词得当的表达效果。例如:

Visitors are requested to wear formal clothes.

来宾请穿正装。

(3)实现上下文的衔接与连贯。例如:

Mike's idea is shaped by, and shapes, his sister's idea.

迈克的思想受他姐姐的影响,同时又影响了他姐姐的思想。

(4)没有必要说明或不知道行为实施者。例如：
All the girls are asked to form a line.
请所有的女孩站成一队。
(5)动作的对象是谈话的中心话题。例如：
The task has been finished.
任务已经完成了。

2.汉语语态

由于受到思维习惯的影响,中国人对"悟性"十分注重,且非常强调个人感受与"事在人为"。因此,汉语不常用被动语态,而常使用"主题—述题"结构。具体来说,汉语常借助词汇手段来表达被动的含义,具体包括以下两种。

(1)"受""被""让""挨""遭""给""加以""为……所"等带有明显形式标记的被动式。例如：
我们挨了半天挤,什么热闹也没看到。
我的建议被否决了。
该计划将由一个特别委员会加以审查。
(2)无形式标记的被动式,其在主谓关系上带有被动含义。例如：
每一分钟都要很好的利用。
那种说法证明是不对的。

值得一提的是,无主句是汉语中的一种习惯句型。尽管无主句在形式上没有主语,当其处于不同语境中时却可表达明确、完整的语义。例如：
一致通过了决议。
为什么总把这些麻烦事推给我呢？

汉语在表达思想时,习惯说出行为动作的执行者。因此,汉语常使用人称表达法。具体来说,在不能确定人称的情况下,常采用"大家""别人""有人""人们"等泛人称句。例如,"人们有时会问……""有人指出……""大家知道……"等。

由上述内容可以看出,因为文化背景的不同,英汉语言中的语法存在很大差异,这些差异影响着学生对语法的理解和使用。所以,在大学英语词汇教学中,教师不仅要讲授语法知识,还要讲授部分文化内容,让语法与文化相结合,提高学生的语法知识水平和运用语法知识以及进行跨文化交际的能力。

第五章 跨文化交际语境下的大学英语词汇和语法教学探究

三、跨文化交际语境下大学英语语法教学的原则

在跨文化交际语境下,大学英语语法教学应遵循一定的原则,以使教学更加科学有效。

(一)以学生为中心原则

以学生为中心的教学倡导教师的一切教学工作都要围绕学生的需求而进行。语法教学作为英语教学的重要组成部分,同样必须遵循以学生为中心的原则。根据建构主义理论的观点,学习不是单纯接受知识的过程,而是学生一起参与各种学习活动的过程,在这一过程中,外部语言输入固然重要,但是学生个体在社会交际活动中对输入的处理、转换和内部生成在语言学习中更加重要。换句话说,学生在英语学习中才是主体。对教师来说,他们不是简单地传授语言知识,而是要为学生提供更多的语言运用的锻炼机会。据此,教师可以相应减少语言知识的传授、增加语言应用活动,将语法课堂教学从讲授知识为主转向展开应用活动为主。

(二)循序渐进原则

通常,人们对事物的认识和掌握并不是一次完成的,而是会经历一个由浅入深、由简单到复杂的变化巩固过程。学习语法也要经历这样一个过程,只有经历了多个阶段的重复、巩固和完善之后,才能彻底掌握语法。根据这一规律,教师在教学中就要遵循循序渐进原则,即遵循由表及里、由一般到特殊的原则开展教学。此外,教师在教授语法点时要不断地循环往复,这种循环往复并不是简单的重复,而是根据具体情况有变化的重复,以使学生在"认识—理解—掌握—运用"的过程中掌握语法。

(三)真实原则

真实原则与下面所介绍的交际原则是相辅相成的。语言学习的目的是交际,而现实中的交际却是真实的。因此,语言教学需要遵循真实性原则,语法教学具有真实性,是指学生在言语活动中感受语法时,语法不再只是一些抽象的规则,而是活生生的交际生活中一个必不可少的组成部分。真实性既能提高学生的学习兴趣,也能让学生在真实情境中提高语法技能。

(四)系统原则

我国的英语语法教学普遍存在系统性不强的问题。语法教学的系统性

不强,使学生机械、孤立地记忆语法知识,对一些相近概念掌握较模糊,容易混淆,导致学生即使在学习了多年英语之后,在口语和书面语写作上仍然容易犯各种初级错误,如人称错误、时态错误等。

实际上,语言并不是杂乱无章的,语法知识尤其如此,看似庞杂无序、零散孤立,实际上有自身内在的规律。因此,语法教学也要遵循系统原则,让学生不但学会、牢记一个个语法项目,而且还能注意各语法项目之间的关系,从而建立一个语法知识体系。

(五)精讲多练原则

在具体讲解语法规则时,应减少冗赘表述,力求所讲之处一语中地、切中要害,避免使用一些专门术语,而应尽可能地使用一些形象、直观的方式,应充分利用教具,使学生从"懂语法"到"会语法"。在精讲之后,通常还要借助大量的练习,并且练习的方式应确保丰富、多样。例如,可采取英汉互译、改错以及应用性写作等训练方式。此外,在具体进行举例时,应与学生的现实生活和工作贴近,并具有鲜明的时代特点,尽量避免使用一些陈旧的例子,且所选择的例子应尽可能有利于激发学生思维的积极性,促使学生主动参与教学活动。同时,还应注重培养学生对结构的辨识和运用能力,让他们学会在运用中掌握规律。

(六)情境性原则

在语法教学中还要坚持情境性原则。换句话说,要重视语法在现实生活中的灵活运用。为此,教师应多注意收集学生感兴趣的话题,并将它们设计成相应的情境,通过生动活泼的语言呈现给学生。教师还可以借助时事、新闻等进行编排,为学生练习语法提供生动真实的材料。

(七)交际原则

在大学语法教学中坚持交际原则有助于为听、说、读、写、译技能的发展提供支持,为学生语言综合运用能力打下基础。为了贯彻交际原则,教师在语法教学中可以从以下两点入手。

(1)引导学生多阅读,坚持阅读多多益善的原则,因为通过阅读学生可以体会到语法的生命力在语言中,也能够切身体会到语法在语言中所起的具体作用。

(2)通过模拟情境进行模拟交际。在必要的语法操练基础之上,教师应尽可能地创设交际性语言环境,运用实物、图片、幻灯、动作、表演以及电化等设备,创造真实或半真实的交际活动,使学生在活动中感知、理解和学习

第五章 跨文化交际语境下的大学英语词汇和语法教学探究

语言,发展语法技能。例如,在学习虚拟语气以后,教师可以模拟与此相关的情境,让学生进行模拟交际练习。

(八)文化关联原则

语言与文化紧密相关,因此语法与文化也有着密切的联系。在英语词汇课堂教学中,教师应注意文化因素对学生学习的影响,并有意识地联系西方文化,将英语还原至当时的语境中,以便帮助学生理解和记忆语法知识。总之,在英语语法课堂教学中遵循文化关联原则,有助于学生正确使用英语语法,使他们少走弯路,进而有助于提高语法教学的效果。

四、跨文化交际语境下大学英语语法教学的方法

在跨文化交际语境下,英语语法教学应灵活采用多种教学方法来教授学生语法知识,向学生传授英语文化知识,进而培养学生的语法能力,提高学生的跨文化交际能力。

(一)语法练习法

语法练习法作为语言教学中的一项重要内容,其最终目的也是让学生能够将知识运用到实际,从而更好地培养学生的综合素质和能力,因而就需要教师对语法练习进行科学、合理的选择和设置,有效地组织学生进行语法项目的操练。但是,采用练习法来操练语法项目并不是盲目进行的,而是分阶段进行的,通常需要遵循循序渐进的原则来让学生达到熟练应用的目的。

一般而言,语法练习法包括以下几个步骤。

(1)机械式训练。教师需要通过模仿、替换、不断重复来进行机械式的训练。机械式练习通常要求学生达到不用理解句子的含义就能做出迅速、正确的反应。

(2)内化训练。在完成机械式训练之后,教师可通过造句、仿句、改句、改错、翻译等方式来内化训练,内化训练通常要求学生围绕教学内容进行,要求学生能够达到熟记、理解的程度,并能做出正确的反应。

(3)交际操作训练。在机械式训练与内化训练的基础上,教师可借助场景对话或问答形式之类的口语训练进行最后的交际操作训练。这种训练方式最终要求学生能将所学的语法知识综合运用,能组织语言并迅速做出反应和回答问题。

（二）语境教学法

语法都是在具体的语境运用中得以呈现的，因而与具体的语境相结合来阐释语法知识也是使用频率比较高的大学英语语法教学方法。学生在语境中对语法规则进行体验、感悟、总结和运用，不仅能够很好地学以致用，而且对提升学生的交际能力也大有裨益。借助语境进行的语法教学有效弥补了传统语法教学中忽视语言环境这一不良的情况，具体可通过以下几种方式来设计语境，有效开展语法教学。

1. 借助多媒体教学手段来设计语境

多媒体具有集图、文、声、像于一体的优势，多媒体可以为语法规则的学习和教学提供使用语言和用语言进行交际的具体语境，并且能够使静态化、枯燥的语法知识变得更加立体、有趣，并能充分调动学生学习的主动性和积极性。因此，在具体的语法教学中，教师可充分利用多媒体创设语境，让学生通过与英语为母语的人士进行交际的过程中掌握语法知识。

2. 借助现实场景来设计语境

英语教学通常也是发生在特定的时空和场合的，是在师生间展开的。一些从表面上看似单调乏味的日常教学实际上也蕴含着一些鲜活的情景语境，因而教师应学会善于发现并对这些现实场景进行充分利用，结合语法规则的特点来设计语境。以祈使句这一语法项目的讲解为例，祈使句的主要功能为表达命令、指示和请求，或者可以用来表示劝告、建议、祝愿和欢迎等意义。在具体的语法教学中，教师可以利用师生、生生间的身份并配合一定场景来开展相应的情境教学。

3. 借助语篇来设计语境

语篇是包含特定语境的各类语法形式的有机组合形式。基于语篇的这一特点，语篇就能够为语法规则的归纳、比较与总结等提供较好的上下文语境。语法教学中的一些常见的语法知识点和项目，如冠词的使用、时态、主谓一致关系和非限定性动词的使用等通常都应置于一定的上下文语境中，只有置于语境中来讲授这些语法知识才能更加充分地体现和理解这些语法项目所蕴含的意义。

就时态教学来看，在传统的语法教学中，都是运用句子来讲授各种时态的，各个时态间相区别的标志也通常是句中所出现的一些标志词，如 just now, often 等。这种形式的教学其实是有其固有的局限性的，单纯地局限

第五章 跨文化交际语境下的大学英语词汇和语法教学探究

于句子使学生很难全面地掌握某一时态的具体用法,并使学生很难依照语义需要来正确地选择具体的时态。因而,不管句型操练多少遍,如果该时态在某一语篇中的具体语境中出现时,学生也相对会比较难把握和熟练运用这些时态,进而会导致语法规则的形式、意义和用法等层面产生矛盾。

借助语篇来设计语境,能够让学生在一个比较高的层面上对时态的意义和用法有全面的把握。但是,借助这种方法来教授语法,通常也对教师提出了更高的要求,需要教师精心地设计和选择语篇,并做好充分的备课。

(三)网络多媒体教学法

利用网络多媒体等先进的教育技术有利于在语法教学中创造轻松、愉快的气氛,降低学生的学习焦虑,并有效调动他们的学习积极性,使他们积极进行思考,提高思辨能力与学习效果。具体来说,在语法教学中采取网络多媒体教学法可从以下两个方面入手。

1. 利用课件呈现语法知识点

教师可充分利用网络多媒体课件,将语法知识点、语法句型等呈现给学生,从而通过生动、形象的输入来帮助学生进行理解与记忆。例如,教师在讲授 listen,watch 等词的一般过去时、正在进行时的时候,就可以将-ed 与 -ing 形式用下划线、不同颜色标注出来,或者可以设置为有声导入,这可以集中学生的注意力,还能引导学生对规律进行总结,实现举一反三。但是,对于 see,think 这些特殊动词,可以使用图标的形式展现出来,让学生进行记忆。

2. 采用课后自主拓展模式

网络多媒体环境下的英语语法教学还要求课后学生进行自主学习,如果仅仅依靠课堂的短暂教学是很难掌握的,因此教师应该引导学生在课后展开自主学习。

具体来说,教师可以创建一个讨论组,促使资源进行共享。在讨论组中,教师将预先设计好的指导性问题和相关内容上传进去,学生可以提前进行预习,如果有问题可以提出问题,大家也可以参与讨论。此外,教师可以通过 E-mail 形式进行辅导和交流。这不但可以打破时空的限制,还可以缓解课堂的紧张气氛,让学生更轻松,也可将课堂内容延伸到课堂外。

(四)对比分析法

通过上述内容可以看出,文化对语法教学有着较大的影响,对此教师应采用对比分析法让学生明白中西方语言的差异,有效培养学生的语法能力。

我国学生一直都是在母语环境下学习英语的,因此形成了汉语的思维模式,这必定会对英语语言的组织有所疑虑。这主要受文化背景和生活习惯的影响。在这种情况下,英语教师的语法教学就会受到一定程度的阻碍。

此时教师如果了解了学生学习语言的规律,就可以在语法教学课堂上采用对比分析的方法进行教学工作。教师应该使学生意识到文化差异对语言形成的重要影响作用,从而使学生了解英汉语言之间的差异性。这样便能在发挥汉语学习正迁移的前提下,使学生掌握具体的英语语法知识。例如:

If any of the joint ventures wish to assign its registered capital, it must obtain the consent of the other parties to the venture.

合营者的注册资金如果转让必须经合营各方同意。

英语注重形合,因此在句式组成中习惯将重点提前,在例句中便形成了主语凸显的结构。汉语注重意合,主要关注句子表达的含义,因此在上例的翻译时凸显了主题。

总体而言,鉴于语言与文化的密切关系和相互作用,大学英语词汇和语法教学应在跨文化交际语境下开展,应充分考虑文化因素,将语言教学与文化教学相融合,进而提高学生的词汇和语法能力,为将来的跨文化交际做好准备。

第六章　跨文化交际语境下的大学英语听力与口语教学探究

听力与口语都是英语的重要技能,听力属于输入技能,口语属于输出技能。在跨文化交际语境下,大学英语听力与口语教学的主要目的不仅是提高学生的听力与口语水平,更是培养学生的跨文化交际意识,提高学生的跨文化交际能力。本章就对跨文化交际语境下的大学英语听力与口语教学进行具体探究。

第一节　跨文化交际语境下的大学英语听力教学探究

一、大学英语听力教学存在的问题

(一)应试教育倾向明显

我国传统英语教学应试教育的思想一直影响着教师的教和学生的学。这种影响在听力教学中体现得尤为明显。具体来说,对很多学生来说,他们学习听力的目的就是在期末听力测试中能通过。只有很少一部分学生进行听力训练的目的是获取更多信息,学到更多语言知识。而这种应试思维对学生带来的直接影响就是其对英语听力缺乏天然的兴趣,学习听力只是为了应付考试,而没有真正意识到学习听力对其他技能如读、写的重要性。长此以往,学生的语言综合运用能力得不到训练,教学效果也就得不到有效的提升。

(二)教师引导不当

上面提到的应试倾向对学生听力学习有不良影响,不仅如此,应试教学倾向对教师的听力教学也有负面影响。具体来说,教师大多将教学重点和精力放在如何帮助学生应付考试上,因此总是以考试的方式训练学生的听力能力。这就使得教师不注意对听力内容的讲解和传授,尤其是对于其中涉及的一些文化背景知识略过不提,使得学生在听力过程中障碍重重,这样不仅达不到听力教学的效果,反而使学生丧失了对听力教学的信心。此外,有的教师走向了另一个极端,即在让学生听录音前给予过多的引导,导致学生不用太认真听就能选出正确答案。因此,对教师来说,很重要的一点就是对学生进行适度的听前引导,帮助学生切实提高听力水平。

(三)学生欠缺文化背景知识

我国很多学生不仅对听力学习缺乏足够的兴趣,也缺乏一定的文化背景知识,导致在听力过程中频频出错。众所周知,从某种程度上来说,学习英语就是学习英语文化,如果对英语国家的文化不甚了解或只知一二,知其然不知其所以然,那么就会给听力活动带来很大影响。因此,对教师来说,在对学生进行听力训练的过程中,要及时向学生传授或讲解相关文化背景知识,同时提醒学生注意听力材料中的文化因素,扫除听力中的文化障碍。

二、文化因素对大学英语听力教学的影响

(一)词汇差异对大学英语听力教学的影响

英语词汇是听力理解的基础,很多词汇都有着丰富的文化内涵。因此,听力过程中必然涉及对词汇及其含义的编码与解码。但是,听力过程很短暂,学生听的机会转瞬而逝,因此学生需要在极短的时间内快速进行编码和解码。此时,如果学生不了解词汇的内涵,而是受母语思维的影响,就会容易造成文化的负迁移。例如,drugstore 和 grocery 的字面意思是"药店"和"杂货店",但实际上它们与汉语中的"药店"和"杂货店"不完全相同。因此,学生需要了解词汇及其背后的文化背景,才能顺利进行解码。

(二)语篇差异对大学英语听力教学的影响

语篇差异对学生听力的影响也是显而易见的。学生在听力中经常会遇到这种情况,一段话每个单词都听明白了,但是仍搞不清楚语篇所表达的意思。其实,这正是因为学生不了解语篇文化的内涵。

鉴于词汇和语篇差异对听力教学的重要影响,教师在听力教学中应向学生多介绍中西词汇和语篇间的差异,并提醒学生多加注意。

三、跨文化交际语境下大学英语听力教学的原则

(一)渐进性原则

在课堂上,学生要多和同学以及教师进行口语交流,这是提高自身听力能力的重要途径。但是,在我国的英语教学中,英语课堂大多用汉语进行授课,即使在大学阶段,也很少有教师进行全英授课,学生进行听力训练的机会明显不足。所以,教师在听力课堂中应依据由慢到快、由易到难、由简到繁的原则坚持用英语组织课堂教学、讲解课文。

(二)情境性原则

学生在进行语言学习的过程中通常需要与周围环境进行有效的互动,这样学习会更有效果。而且,学生也只有在自然、舒适的环境下,才能同环境产生相应的互动,并获得真实的语言体验。因此,听力教学需要遵循情境性原则。需要注意的是,良好的课堂氛围不光需要教师的努力,更需要教师和学生双方来共同营建。良好的氛围是在教学情况发挥作用的前提下,师生双方的需要得到了充分的满足后,而出现的一种心境和精神体验。只有在舒适、自然的课堂氛围中,才能更好地创建一种与学生所学母语接近的自然的语言习得环境。

(三)综合原则

教师应该让学生每次进行听力练习之前明确听力教学的目标,这样学生会在心理上有所准备,而且学生还可以根据不同的听力目标选择不同的听力技巧。单一的听力训练很容易造成课堂气氛的沉闷,使学生失去听的兴趣。因此,要想提高学生的英语听力水平就必须要重视听力与其他三项技能之间的关系,把输入技能训练与输出技能训练有机地结合起来,以提高学生的综合英语水平。

具体来说,在听力教学中可以采取以听为主、听说结合、听读结合、听写结合和视听结合的方式对学生进行综合的听力训练,这样不仅可以丰富听力活动,还能活跃课堂气氛。

(四)适应性原则

英语教学带有目的性,其最终是为了提高学习者的英语使用能力。听力教学也需要以英语教学的终极目标为根据,在教学中坚持适应性原则。

具体来说,教师应该根据学生的不同特点选择难易程度相当的听力材料,使所选择的听力材料与学生的实际情况相适应。听力材料既不能过分简单,也不能超出学生的实际听力水平。如果材料过分简单,学生会在心理上轻视听力活动,也不利于学生听力水平的提高。如果听力材料过难,则会给学生带来很大的听力学习负担,从而产生挫败感和不自信感,长此以往会影响听力学习的兴趣。此外,根据适应性原则的要求,教师还应注意以下几个方面的问题。

1. 听力材料中的人物关系

听力材料中涉及的人物关系的复杂程度也会在一定程度上影响学生对材料的理解。只有了解材料中人物之间的关系才能提高其听力过程中的针对性。材料中人物关系复杂会使学生在听的过程中分散注意力,不利于其对主要信息的理解。

2. 材料的内容

听力材料的内容选择要与学生的实际生活与知识水平相适应,超出学生的生活与知识水平范围之外的材料会给学生造成压力。材料必须符合学生所生活的文化背景,文化背景知识的缺乏是妨碍学生理解英语听力材料的重要因素。

3. 语篇信息因素

所谓的语篇信息主要反映在以下两个方面。其中的一个方面是语篇的结构,如果语篇的结构是学生所熟悉或常见的形式,可以采用学生熟悉的语言叙述顺序。但是,如果其结构形式比较特殊,学生在心理上没有形成相应的习惯,一旦出现这样的情况,会使学生心情紧张或浮躁。另一个方面是语篇的内容,语篇的内容如果是学生所熟悉的,那么学生拥有自信,表现就会相对比较好,如果学生对语篇内容不是特别熟悉,则容易因为胆怯而导致表现欠佳。语篇内容中的重要信息量也会对学生的听力效果产生不良的影响,听力材料的信息量越大,从中提取重要信息的难度系数相应地也就会越大。

4. 语言方面的因素

这一因素具体包括时间变量、语音、词汇和句法。葛里费兹(Griffths,1991)将时间变量总结为——语速、停顿和迟疑。他认为这三个方面都会影响英语听力的效果。语速过快或者过慢以及语言的停顿和迟疑都会对学生的理解造成影响。例如,过快会导致听者来不及反应,过慢会给听者带来不

第六章　跨文化交际语境下的大学英语听力与口语教学探究

必要的心理负担,且句子的停顿和迟疑等有时会给人不真实感,容易使学生产生厌倦心理。

四、跨文化交际语境下大学英语听力教学的方法

(一)任务型教学法

任务型听力教学法十分强调听力学习任务的真实性,通过完成真实的听力任务来提高听力理解能力,不仅能够有效培养学生的合作意识和探究精神,而且能不断提高学生对听力学习策略的应用能力。听力任务一般包括以下几种类型:列举型、排序、分类型、比较型、问题解决型、分享个人经验型、创造型。具体来说,任务型听力教学法有以下几个实施步骤。

1. 听前阶段

这一阶段也可以理解为准备阶段,即教师通过各种方法帮助学生激活背景知识,同时确立听力目标,并让学生对相应的语言形式、功能进行训练,帮助学生建立新图式或激活学生头脑中已有的图式,以更好地理解听力材料。

2. 听中阶段

本阶段是听力的关键阶段,对教师来说,这一阶段则是最不可控的阶段。教师要充分利用本阶段的特点,在学生的听力中训练其各种与听力相关的能力,不断提高其对信息的理解和运用能力。

3. 听后阶段

这一阶段的主要任务是巩固所学知识,其练习活动应该是测试学生对听力材料的理解,而不是考查学生的记忆。在这个阶段,学生应该通过听后说、听后写、听后填表、听后进行创造性的语言输出等方法,通过完成多项选择题、回答问题、做笔记并填充所缺失的信息、听写等方式评估听力效果,达到巩固听力信心和技能的目的,同时为日后的英语学习奠定基础。

(二)微技能教学法

听力能力的培养需要借助一定的微技能,它们是听力有效进行的基础和保障。在具体的听力教学中,教师有必要向学生介绍一些常见的听力技能。

1. 猜测词义

猜测词义是听力微技能教学的重要方式。在听力实践过程中,听者很

难完全听明白材料的每一个词,此时就可以通过上下文等进行词义猜测,从而更加顺畅地理解材料内容。

在听力实践过程中,切勿一有生词就打断思路,应该从整体听力活动入手,综合使用词义猜测技巧,保证听力活动的进行。

2.抓听要点

听力中抓住要点十分重要。交际是交际者在交际目的的作用下进行的言语活动,听力教学应该教授学生抓话语要点的方法,会话中注意信息的侧重,听主要内容、主要问题、主题句和关键词。学会略听无关紧要的内容。

3.边听边记录

在听的过程中记笔记十分重要,因为学生不可能完全听懂和完全记住所有的听力内容,而借助记笔记可有效弥补这一问题。尤其是在听力考试中,遇到十分冗长的材料和十分多的干扰选项时,就需要听者结合听力特点,学会笔记的记录方法。因此,教师要引导学生养成边听边记录的习惯。

(三)网络多媒体教学法

随着现代化科技的飞速发展,网络多媒体开始广泛应用于大学英语教学中。在大学英语听力教学中,教师可充分利用网络多媒体技术来培养学生的听力能力。

例如,教师可以充分利用网络多媒体技术培养学生的自主决策能力。一方面,要帮助学生掌握信息获取的各种硬件知识;另一方面,要帮助学生掌握对信息的收集、处理、利用等能力。网络上的信息浩如烟海,但是真正对学生的学习有帮助的信息需要学生通过一定的技术自己搜索,并筛选出来。此外,对筛选到的信息要进一步进行整理和分析,如此才能充分利用其价值。

第二节 跨文化交际语境下的大学英语口语教学探究

一、大学英语口语教学存在的问题

(一)对口语能力重视仍不够

随着教学改革的不断推进,大多数教师和学生已经意识到英语学习中

第六章　跨文化交际语境下的大学英语听力与口语教学探究

口语的重要性。尽管如此,从现实情况来看,对口语及其教学仍然存在重视不足的情况。究其原因,在于很多教师和学生仍然没有认真审视口语在整个英语教学中的作用,认为口语可有可无,学生只要会读、能写就够了。这些观念或多或少都会对教师的教学和学生的学习产生不良影响,不利于口语教学效果的提升。

(二)教学时间有限

口语教学如今面临的一个很大的问题就是教学时间得不到保障。口语训练需要长期坚持进行,口语能力的提高也有一个循序渐进的过程,由于部分师生对口语的重要性认识仍然不足,从而导致口语教学并未被真正独立出来,只是被纳入整体英语教学中,加之英语整体教学时间有限,因此留给口语教学的时间更是少之又少,口语教学效果也就可想而知。

(三)学生压力大、不愿开口

一般来说,学生的口语表达不仅受语言因素的影响,还受一些非语言因素的影响,如心理因素、文化因素、生理因素、情感因素、角色关系因素等,使很多学生在口语练习中不愿意开口。著名学者崔(Tsui,1996)总结了学生不愿开口表达的五个原因,具体如下所述。

(1)学生怕说错而担心其他同学耻笑而不愿说。
(2)学生认为自己的语言水平低,因此不愿意说。
(3)教师提出的问题难度过大,学生本身就不理解。
(4)话轮分配的不均匀。
(5)教师提问时对沉默难以容忍,学生不愿意回答的结果无非两种,一是教师自问自答,二是由成绩好的学生开头说。

二、文化因素对大学英语口语教学的影响

(一)词汇文化因素对大学英语口语教学的影响

要想表达清楚自己的思想,学生首先需要掌握大量的词汇。同时,由于不同语言所处的文化背景不同,因此词汇的文化内涵有时会表现出很大的差异。因此,在英语口语教学中,教师应有意识地向学生介绍词汇文化之间的差异,丰富学生的词汇文化知识,为学生的口语表达奠定基础。

以 wink 一词为例,英语里关于 wink 的习语有很多,教师可以将这些习语有意识地导入口语教学中。例如,现代社会很多人都有失眠的经历,

"I didn't sleep a wink last night."(我昨晚一夜都没合眼。)这里的 wink 是"眨眼"的意思,但是在 forty winks 中,其含义并不是"眨四十下眼睛",而是"小睡"的意思。教师可以通过此类习语引导学生将其巧妙运用于自己的口语交流中。

(二)思维模式因素对大学英语口语教学的影响

英汉两种语言的思维模式存在诸多差异,这自然会对英语口语教学产生重要影响。例如,由于受母语迁移的负面影响,很多学生习惯了说"中式英语",因此表达的句式不符合英语语法,这会给学生的交流带来很大的障碍,导致对方不明白说话者的真正意图。

此外,思维模式的差异对学生表达的流利性也会产生影响。很多学生习惯了用汉语进行思维,在用英语进行表达时,经常会遇到一时找不到英语对应词的情况,从而在表达中出现停顿、犹豫等现象,这就不利于学生与外国人的顺利交流。

(三)社交文化因素对大学英语口语教学的影响

中西方社交文化存在诸多差异,这些差异对口语交际具有重要影响,直接影响着口语交际者在交际过程中的应答或反应。因此,学生有必要多了解中西社交文化方面的差异。

1. 寒暄

中国人初次见面时常常会问及对方的年龄、工作、家庭情况等,如"你今年多大了?""你是做什么工作的?""你结婚了吗?"等问题,有时也会表现出对对方的关心,如"你好像瘦了,要注意身体啊。""你脸色不太好,是不是不舒服?"等。在平日的寒暄中,中国人则通常会说"去哪啊?""吃饭了吗?"等,表示对对方的关心。但是,对于西方人来说,如果他听到"吃饭了吗?"会以为对方是在请他吃饭,从而容易产生误会。

西方人见面寒暄时往往不会谈论个人的年龄、收入、家庭情况、住址等问题,因为这是个人的隐私。他们常常讨论的话题是天气,这是因为英国的天气变化无常,有时一天中甚至会出现犹如四季的变化,这导致人们对天气产生了一种特殊的感觉。总之,学生在跨文化交际过程中应多了解这些不同的文化背景,避免涉及个人隐私问题而引起别人的反感。

2. 关心

在跨文化交际中,中国人有时往往会出于善意去关心对方,这在中国人

第六章　跨文化交际语境下的大学英语听力与口语教学探究

看来是很自然也是会令人感动的事情。然而,由于文化差异,这样的举动可能反而会惹得对方不高兴,从而造成不必要的误解。请看下面两个对话及其区别。

A(中国人):Put on a sweater. Otherwise you'll get a cold.

B(中国人):OK,Mom.

A(中国朋友):Hi,it's so cold today,why do you only have a T-shirt? Aren't you cold?

B(美国外教):I'm fine. ①

在上述第一个小对话中,中国学生自然而然地接受了妈妈的关心,并及时给予回应。在第二个小对话中,中国学生提醒朋友多穿衣服,这也是根据中国传统文化的习俗,表达了自己对朋友的关心。但是,这样的关心对于美国人来说显然是让人难以接受的,因为在西方,人们崇尚个性独立,穿衣打扮作为一件非常私人的事情,穿多少、穿什么都是个人自己的意愿和选择,如果被提醒多穿一点,就意味着自己不能自立,这会使得西方人很尴尬。可见,由于文化的不同,本来是出于善意的关心反而被误解为"不能自立",这样显然背离了交际的初衷。

3.客套

在表达客套这方面,中国人一般很注重形式,讲究礼仪,重视表象;而西方人多是直线型思维,讲求效率和价值,没有过多的繁文缛节。

这里以打电话为例进行说明。中国人在打电话时常常用下面的话作为开头:

"请问您是谁?"

"喂,您好。麻烦您请××接电话。"

而西方人在打电话时通常是以下面的方式开头:

"Is that ×× speaking?"

"Could I speak to ×× please?"

此外,西方人在接电话时通常先说明自己的身份或号码。例如:

"Hello,375692405."

"Hello,this is Tom. Could I speak to John,please?"

---

① 牛宝艳.英语口语教学中折射出的中西文化差异及启示[J].中国教育技术装备,2009(8):109.

4. 答谢

别人对我们表达感谢时,出于礼貌,我们通常需要答谢,以维持良好的人际关系。在答谢方面,中西方也体现出了明显的文化差异。具体来说,中国人在答谢时往往会说:"不用客气""别这么说""过奖了""这是我应该做的"等,以表示谦虚的含义。但如果与西方人交往时这样回答"It's my duty."就违背了初衷,因为"It's my duty."的意思是"这是我的职责所在",是不得不做的。

此外,中国社会推崇"施恩不求报"的美德,因此人们在答谢时往往推脱不受,对受惠者给予的物质回馈或金钱奖励也常常当场拒绝,实在无法拒绝而收下时也会说"恭敬不如从命"。

西方人对待别人感谢之词的态度与中国人有很大的不同,他们常常会说"Not at all.""It's my pleasure.""Don't mention it."或"You're welcome."在收到物质回馈或金钱奖励时也往往高兴地接受,他们认为这是对自己善举的肯定和尊重。

5. 迎客

中国自古以来都是礼仪之邦,因此非常重视礼仪。当有尊贵的客人来访时,主人通常会出门远迎,在见面时会采用握手礼或拱手礼。在一些较为庄重的场合甚至要行鞠躬礼。问候语也有很多。例如:

"欢迎!欢迎!"

"别来无恙?"

"您的到来令敝舍蓬荜生辉。"

"与您见面真是三生有幸!"

西方人除了在外交场合会出门远迎客人外,在一般的场合都没有这种习惯。此外,西方人多采用握手礼,在一些庄重的场合还要行拥抱礼或吻颊礼。问候语则通常是"How are you?"或"Glad to see you again."

6. 道别

与迎客时相同,在道别时,中国人也常常会远送。客人和主人互相说些叮嘱的话。最后,客人通常会说:"请留步",主人说:"走好""慢走""再来"等。"送君千里,终须一别"就表达了主人与客人间依依惜别的情形。

而西方人在道别时并不会如此注重形式,双方示意一笑或做个再见的手势或说"Bye!""See you later!""Take care!"即可。

第六章　跨文化交际语境下的大学英语听力与口语教学探究

7.宴请

宴请是一种常见的社会现象,但由于文化不同,不同地区会产生不同的宴请方式。

具体来说,中国人历来重视礼仪和形式,讲求礼尚往来,在受到别人的帮助后,出于感谢会请客吃饭。宴席举办前会发请帖以示尊重和敬意。宴席之日,东道主会在门口亲自迎宾。宴席开始后,席间的客套话也是此起彼伏,如"略备薄酒,不成敬意""感情深,一口闷"等,主人向客人们敬酒,客人们回敬。此外,中国人十分好面子,重名声,因此宴席往往会尽力操办,追求气派。近年来,整个社会倡导厉行节约,反对铺张浪费,带领人们珍惜粮食,得到从中央到民众的支持,并引发了一场"光盘行动"。这有利于节约资源、保护环境,有利于弘扬中华民族节约的传统美德,推动社会进步的正能量。

西方人在进行宴请前通常会向客人发出电话或口头邀请,将具体的时间、地点和活动内容等说明清楚,并请求对方给予答复。西方人认为没有说明时间、地点和活动内容的邀请就不是真正意义上的邀请,非常重视对方的回复。受邀者通常也会明确拒绝或爽快答应,并表示谢意。

此外,西方人在安排饮宴时不像中国人那样求面子,而是更看重饮宴现场的情调。他们会进行精心的布置,选择静谧温馨的、新颖奇特的或是热烈火爆的场所。饮宴的形式多以自助餐、酒会、茶话会等为主,客人们十分随意,没有过多的客套话,主人也仅会说一句"Help yourself to some vegetables, please."此后客人便可以自由吃喝。在饮宴结束离开时,也只是轻握一下手或点头示意即可。

三、跨文化交际语境下大学英语口语教学的原则

(一)先听后说原则

听与说是一个问题的两个方面,二者之间是相辅相成的关系。在具体的口语交际过程中,只有首先听懂对方的话语,才能据此进行回应,使交际顺利进行下去。因此,口语教学要坚持先听后说的原则。

具体来说,在口语教学过程中,学生通常先通过听来进行词汇量与语言信息的积累。当这种积累达到一定程度之后,学生的表达欲望也逐渐被调动起来,他们就会尝试着进行口语表达,进而实现真正意义上的口语交际。

(二)内外兼顾原则

根据内外兼顾的原则,口语教学应在注重课堂教学活动的同时,对课外

活动给予充分重视。这是因为,口语教学应以课堂教学为主,但课外活动是课堂教学的延伸与补充,二者之间是相互配合、相互促进的关系。以课堂教学为基础来组织相应的课外活动既可带领学生对课堂知识进行及时的复习与巩固,还可使他们充分利用课外活动的机会对知识予以运用,加快从知识到技能的转化过程。同时,课外活动没有课堂环境中的正式气氛,学生能以一种轻松、愉悦的心情参加口语练习,教师也能更加及时地对学生进行指导,有助于学生在不同场合下进行流利、正确、恰当的口语表达。

在完成课后作业的过程中,教师可对学生分组,使他们以组为单位来完成任务,相互之间可围绕任务进行讨论,既有利于不断提高学生的口语能力,还能培养他们的沟通能力、理解能力以及团队合作能力。

（三）互动原则

口语练习本身是一件很枯燥的事情,长期的枯燥练习很容易削弱学生对英语学习的兴趣和积极性。因此,口语教学应坚持互动性原则,使口语训练充满互动性,使学生能够在互动练习中不断保持兴趣,逐渐提高口语表达技能。

"动"是互动性原则的核心。如果教师采取传统的口语教学模式,在课堂上仍以提问、回答为主要方法,则学生对口语表达的参与是被动的,这会影响学生口语能力的提升。因此,教师为学生设计的话题应能够使学生展开互动性的练习活动法,使学生之间进行有效的互动练习。

（四）循序渐进原则

口语能力的提升不是一蹴而就的,因此口语教学也应遵循循序渐进原则,层层深入、由易到难、循序渐进地展开。例如,我国的大学生通常来自全国各地,很多学生的英语口语表达都会或多或少受到方言的影响。对此,教师首先应仔细分析学生的语音特点与发音困难,进而为纠正学生发音提出建议与指导,使学生按照由易到难的顺序,从语音、语调、句子、语段等层面逐渐提高。

此外,教师在设计教学目标时要遵循科学合理的原则,注意难度适宜。过高的目标会给学生带来过多的心理压力,过低的目标难以调动学生的积极性与兴趣,因此教学目标既不能过高也不能过低。

（五）科学纠错原则

口语学习中免不了出错,这是非常正常的事情,因此教师对学生在口语活动中出现的错误一定要采取科学的态度对待。一般来说,如果是学生正

第六章　跨文化交际语境下的大学英语听力与口语教学探究

在进行口语对话训练,教师对一些无关紧要的语法问题可以酌情忽略,不要听到学生出现错误就立即打断并纠正,这样很容易打击学生说的积极性。教师应当在学生对话训练结束之后,统一指出训练过程中的错误,并提醒学生加以注意。当然,对一些重大的错误,教师也要在训练结束后立即指出并告知学生,以免再犯。

(六)鼓励性原则

学生在英语学习尤其是口语练习中很容易出现焦虑情绪,此时教师应当多鼓励学生,对其多表扬,树立其口语表达的自信心。

著名学者纽南(Nunan,1999)认为,鼓励学生并使他们大胆说英语是口语教学中一项很重要的原则,因此教师应为学生创设更多有意义的语境。在这样的语境下,学生不会担心受到嘲笑,这样才能更好地进行口语练习。针对一些口语基础较差的学生,教师可考虑采取"脚架式"教学等方法,使教学策略与学生的状况相一致。

(七)生活化原则

教师在为学生设计口语课堂上的任务时,应遵循生活化原则,使其尽量与学生的日常生活、学习相贴近,以此来更好地调动学生的积极性,使他们对话题不陌生、有兴趣,进而乐于开口、勇于开口。具体来说,教师可从以下三个方面入手。

(1)应努力提高话题、主题的趣味性。
(2)应对学生的愿望与实际需求进行深度挖掘。
(3)应将教学内容与学生感兴趣的话题有机结合在一起。

四、跨文化交际语境下大学英语口语教学的方法

(一)创境教学法

英语学习的最终目的就是交流,而交流不是在真空中进行的,而是发生在一定的情境中,因此英语学习需要一定的情境才能有更好的效果。口语学习更是如此。举例来说,一个刚出生的婴儿如果在一个英语环境中,其学会的自然就是英语。再如,一个学生即使之前的口语能力很薄弱,其出国一段时间后,口语水平自然会有很大的提升。这提示教师一定要注意口语教学中情境的重要性,要尽量把真实的语言情境引入口语教学,让学生在真实的环境下学习口语,这样学生的表达才会更加地道。一般来说,角色表演和

配音活动是两种有效的情境创设方式。

1. 角色表演

　　角色表演是深受学生喜爱的口语练习方式,因为学生往往都活泼好动,也有表演的天生欲望,而角色表演正好符合学生的这种特点,而且角色表演还能让学生告别枯燥单一的课堂授课,很容易调动学生表达的积极性。所以,教师在口语教学中要多组织角色表演活动,把主动权交给学生,让学生自行分工、自行排练,然后进行表演。表演结束后,教师先不要着急评价,最好先让学生从表演技巧、语言运用等方面发表一些建议,然后再进行总结和点评。

2. 配音

　　配音也是一种很好的锻炼学生口语表达能力的活动。在配音练习中,教师可以选取一部电影的片段,首先让学生听一遍原声对白,在听的过程中教师可以适时讲解其中一些比较难的语言点;之后,让学生再听两遍原声并要求他们尽量记住台词;最后,教师将电影调成无声,安排学生进行模仿配音。

　　教师在选择需要配音的电影时,要注意遵循以下几个原则。

　　(1)语言发音要清晰,语速要适当,容易被学生学习和模仿。有些电影虽然很优秀,但是角色说话语速过快,对英语水平要求较高,学生在配音时很难跟上,这就很容易打击他们的积极性。因此,教师在选择影片时要充分考虑学生的英语水平,尽量选择情节简单、发音清晰的影片供学生配音。

　　(2)电影的语言信息含量要丰富。有些电影尤其是动作片,虽然很好看,学生也很喜欢,但是这类电影往往语言信息较少,甚至充满暴力,因此不适合进行配音工作。

　　(3)电影应当配有英语字幕,有中英双字幕更好。如果没有字幕,教师可以要求学生提前将台词背诵下来,如果学生对电影情节比较熟悉,也可以不背诵。

　　(4)影片内容要尽量贴近生活。由于影片大多和人们的真实生活很贴近,语言也贴近生活,因此配起音来相对容易些,更重要的是能让学生学以致用,让他们真正体会到学习英语的实用意义。

　　从实践来看,如《花木兰》(Mu Lan)、《功夫熊猫》(Kung Fu Panda)等电影既有中国文化元素,情节又轻松幽默,语言也十分简单清晰,是很不错的配音电影的选择。

第六章 跨文化交际语境下的大学英语听力与口语教学探究

(二)文化植入法

1. 文化植入的概念

"植入"最初是医学用词,后被广泛地应用于非医学方面,其中用得最多的概念是"植入式广告"。现在,人们在很多影视剧和综艺节目中都能看到植入式广告。简单来说,植入式广告就是为了达到营销目的,将产品及其服务的视听品牌符号融入影视或舞台产品中,从而给观众留下深刻的印象。

在英语口语教学中,文化植入与广告植入的理念类似。具体来说,如果让人们直接看广告,即使广告再精彩,看多了也会厌烦,甚至起到适得其反的效果。文化学习也是如此,如果只是生硬地开设文化课,学生会因为文化内容的博大精深而退却,从而失去学习的兴趣和动力。如果在英语教学中植入文化,那么就能对学生产生潜移默化的作用,从而加深他们对文化的印象,同时产生文化学习的兴趣,最终提高口语学习的效果。

2. 文化植入的原则

在选择文化植入的内容时,要遵循一定的原则,具体来说主要有以下几个。

(1)在精不在多原则

在口语教学中,教师在进行文化植入时,要注意找到一个恰当的"切入点"。因为文化知识背景复杂、内容繁多,通过"切入点"的"植入",可以激发学生对于相关文化内容的兴趣和关注,也有助于学生对口语进行学习和操练。一旦打开文化世界的大门,学生会自己主动学习。

(2)适当原则

植入的时候并不是无原则地随意植入,要植入的内容应当符合学生的兴趣爱好,且能深入浅出,切实帮助学生提高口语水平。教师首先要充分了解学生的兴趣所在,并找到学生感兴趣的文化内容。其次,要在深入了解植入内容的基础上,尽量通过直观、简易的方式呈现出来。总之,所植入的文化内容难度要适宜,既不能太肤浅,也不能太深入,否则文化植入不仅不能帮助学生进行口语学习,反而会成为学习过程中的阻碍,严重的甚至会削弱学生的学习兴趣。

(3)服务于口语教学原则

文化植入的一切内容都要围绕口语教学进行,并与主题紧密相关。这是因为文化植入的最终目的是帮助学生更好地应用口语,掌握口语课的教学内容,所以文化植入的内容一定凸显其服务功能。

3.文化植入的方式

文化植入并不是生硬地插入，否则和一般的文化课程就无异了，因此教师教学中要采用合适的植入方式，将内容很自然地融入教学中，使其服务于口语教学，这里要注意不能喧宾夺主，而是要起到潜移默化的效果。具体来说，文化植入的方式主要有以下两种。

(1)直接呈现

直接呈现是指教师选择一个与教学内容密切相关的文化主题，然后在课堂上将其直接呈现给学生，引导学生理解这个文化主题。教师在呈现时，可以通过一定的手段将其导入教学内容，如借助多媒体教学设备进行呈现。

例如，在学习有关建筑物的口语课堂上，有很多有关建筑的描述和表达方式需要进行呈现和练习。此时，教师可以利用多媒体设备，将不同建筑的时代背景、风格特点等展示给学生，同时融入教学要求掌握的一些表达方式。这些内容能引导学生了解学习内容，并使用所学内容进行操练。通过呈现，学生在其表达练习中会更有针对性，也更容易加深印象、掌握知识。

(2)间接呈现

间接呈现是指教学根据教学要求和学生实际情况，灵活设计一些小活动，如游戏、竞赛等，并将文化内容有效植入这些活动中。

例如，在有关商务用餐的口语表达学习中，教师要植入"酒文化"。在学生经过前期学习，对酒文化有一定了解的基础上，教师组织"抢答竞赛"的口语小活动。具体来说，教师设计一些实用又有趣的英文口语选择题，供学生抢答，每题结束后再结合直接呈现方式，通过图片、视频等向学生介绍该题所包含的文化内涵。这样，学生在互动中锻炼了自身的口语能力，同时拓宽了知识面。

(三)文化渗透法

文化渗透和文化植入有一定的共同之处，都是在教学中导入文化因素。具体来说，由于每种语言都处于不同的文化背景中，因此需要结合文化来理解语言具体含义。教师在口语教学中可以进行总结归纳，通过在教学中渗透英语文化来快速提高大学生的英语口语表达能力。具体来说，教师可以采取以下几种方式进行。

1.文化对比法

在口语教学中，教师可以通过对比英语文化与母语文化，帮助学生了解不同文化的差异，培养跨文化意识。教师首先可以向学生传授有关中西文

第六章 跨文化交际语境下的大学英语听力与口语教学探究

化的各种差异,然后指出学生在交流中容易犯的错误,并表明这些错误正是由于不注意中西方文化差异造成的。在反复对比和接受中,学生就能掌握英语和汉语及中西文化间的差异,并在以后的交流中多加注意。此外,学生通过了解不同文化的差异,还能更加尊重不同文化的风俗与习惯,并形成正确处理语言与文化关系的能力。总之,文化对比法是一种行之有效的口语教学方法。

2. 交流学习法

大学生经过几年的英语学习,一般已经有了一定的英语水平,有的也有一些跨文化交际的经历。因此,教师可以充分利用大学生的这些特点,开展课堂交流,通过交流促进学习。

3. 教师引导法

教师在口语教学以及与学生的交流中,应当时刻注意进行有效的引导。特别是在学生产生交际障碍时,教师及时进行启发性的引导,既充分尊重了学生的主体性地位,又对学生进行了文化知识的熏陶,激发了其学习和运用语言的思维能力。

(四)探究教学法

探究教学法教的核心就是"探究"。简单来说,它就是指英语教师利用现代教育手段与媒介,综合多种教学资源,以学生为中心,以教师为主导,通过以学生的自主学习、自我探索和自我研究为主的方式完成语言知识和口语技能习得的教学方法。①

1. 探究教学法的特点

探究教学法与传统的教学模式相比,体现出一定的优势,具体主要包括以下几个方面。

(1)开放性

开放性是大学英语口语教学中探究教学法的显著特点之一,主要体现在教学内容、教学组织形式和教学管理三个方面。

首先,在教学内容上,探究教学的内容以教材为基础,但并不受教材的制约与束缚,其涉及的内容要比教材内容广泛得多。这是因为,探究教学往往针对某一主题进行深层次的考究,无形之中就会涉及多领域、多学科的

---

① 赵富春.大学英语口语探究式教学研究[D].南京:南京航空航天大学,2010:7.

内容。

其次，在教学组织形式上，探究教学常常在学生与学生之间或学生与教师之间的交流、协商、讨论中展开，这种教学活动组织形式与传统的教学方法相比，具有明显的开放性。

最后，在教学管理上，探究教学以学生的自主探究为主要的学习方式，教师起到了监督与指导的作用。

(2) 合作性

合作性是探究教学法的另一个显著特征。这里的合作主要是指教师和学生间的合作。具体来说，仅仅依靠学生的自主探究来完成知识的学习和技能的掌握，因此仅仅依靠个人能力是不现实的，离不开教师的监督与指导和同伴间的合作学习。

此外，每位学生的学习技巧、学习方法、学习能力等都是存在差异的，也是可以进行互补的，因此要想拓宽探究内容的广度与深度，就必须加强合作，增进互补性。

(3) 实践性

大学英语口语探究教学的实践性是由大学英语教学的目标决定的。当今社会对英语人才提出了更高的要求，不仅要具备扎实的语言知识和技能，还要具备熟练的英语运用能力。探究教学为学生提供了充足的思考和使用英语的语言机会。

2. 探究教学法的步骤

在英语口语教学中，探究教学法大致包括五个步骤，即确立探究问题、收集数据、分析解释、讨论交流以及展示评价反思，具体如图 6-1 所示。

确立探究问题 ⇒ 收集数据 ⇒ 分析解释 ⇒ 讨论交流 ⇒ 展示评价反思

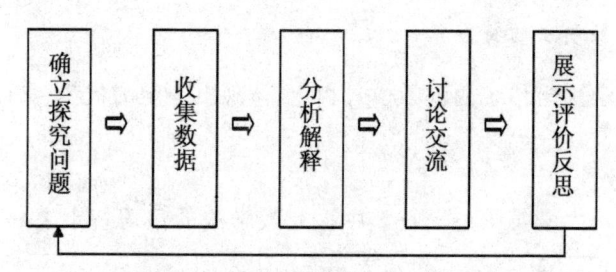

图 6-1 探究教学法的过程

(资料来源：赵富春，2010)

(1) 确立探究问题

确立探究问题是探究教学法的第一步。旧问题解决后，有时会产生新的问题，因此探究教学是一个循环往复的过程。口语教学实践中会产生多

第六章　跨文化交际语境下的大学英语听力与口语教学探究

种问题,但是探究问题的选择和确立需要考虑多方面的因素。一方面,有些问题产生的原因简单,很容易解决,因此不必探究;另一方面,有些问题用其他方法讲解会更加浅显易懂,因此适用于探究教学法。所以,教师确立探究问题要进行深入的分析和精心的选择,值得考虑以下几个方面。

首先,务必要考虑课程内容和先前教学中的知识积累。探究问题要在整个教学知识结构中起到承上启下的作用。此外,问题的深度与广度的选择还要符合维果茨基(Vygotsky)的最近发展区原则,即通过自我探究和教师的指导能够解决问题。

其次,要考虑问题的创设情境。以教材内容为基础,创设出能够自然导出问题的情境。

最后,还要考虑学生的学习兴趣与学习动机。用更加新颖的方式提出问题。

(2)收集数据

大学英语口语教学探究教学法中数据的收集指的是与语言有关的语料,以及与文化、语言使用有关的艺术与策略材料的收集。

这一环节的实施需要教师严格的监控,并给予学生收集内容、方向与来源方面的指导和建议。这样才能起到事半功倍的效果,否则就会白白浪费时间和精力。

(3)分析解释

分析解释是探究教学法的第三个步骤,这一环节对下一环节的讨论交流有重要的影响。

对收集的数据进行分析,主要围绕语义和语用两个方面进行思考,对特定的交际情境和交际目的中所涉及的词汇、语法、句式、文化、交际策略等方面的因素在交际中的功能做出解释和总结。

(4)讨论交流

讨论交流贯穿于大学英语口语教学的始终,体现在课内与课外的各种交际活动中。在探究教学法中,学生完成课外探究之后,结合所得在课堂上与同伴就教师所给的探究材料进行有目的的交流讨论。同时,做好记录。

(5)展示评价反思

展示评价反思是探究教学法的最后一个环节,也是不容忽视的一个环节。这一环节需要注意两个方面,一是学生的展示行为是否规范,二是教师的点评内容与评价方式是否得当。

第七章　跨文化交际语境下的大学英语阅读和写作教学探究

　　由于英汉语言与文化之间存在诸多差异，读写教学不可避免地会受文化差异的影响，教师应对此给予重视，引导学生学习相关的文化知识，促进读、写的学习。本章就对跨文化交际语境下的大学英语阅读和写作教学进行具体探究。

第一节　跨文化交际语境下的大学英语阅读教学探究

一、大学英语阅读教学存在的问题

（一）课程设置不合理

　　我国很多院校的英语教学都没有明确阅读教学的中心地位，有的学校虽然注意到了阅读的重要性，但只是将其纳入整体教学，并未单独设置阅读课程，这些情况都直接影响着大学英语阅读教学效果的提升。

（二）教学方法不当

　　传统大学英语阅读教学方法的单一和陈旧也是制约教学质量提升的重要原因。具体来说，教师在教授一篇文章时，往往是直接对文章进行通读，在这一过程中，对生词、生句依次进行讲解、分析。这种灌输式的教学方法往往得不到学生的积极回应，因为学生只有拼命记笔记才能跟上教师讲解的速度，根本无暇进行思考。这种教学方法导致教师和学生两条平行线，教师负责讲，学生负责记，二者之间缺乏有效的沟通和互动。可想而知，在这种教学模式下，学生对阅读的兴趣无法激发，对阅读中所需掌握的各种技巧也得不到培养，教学效果更是得不到提升。

（三）阅读观念错误

阅读观念错误主要是指学生在阅读过程中存在的一些错误看法，这些看法对学生阅读水平的提升起着阻碍作用。例如，很多学生都没有正确认识阅读速度与阅读能力的关系，甚至有学生认为阅读速度就是阅读能力。实际上，阅读速度只是阅读能力的一部分，阅读速度快不一定代表阅读效果好。有的学生一味追求阅读速度，尤其是在考试中，为了节省时间，往往对文章一带而过，从而忽略解题需要的关键信息，表面上看节省了时间，实际上是降低了解题效率。可见，阅读能力不仅包括阅读速度，还包括阅读技巧以及理解的准确率。因此，在阅读教学中，教师要注意向学生灌输正确的阅读观念，从多方面入手，帮助学生提高阅读能力。

（四）受母语思维影响

我国绝大多数学生的母语是汉语，习惯了汉语思维，但是英汉两种语言分属不同语系，在遣词造句、思维模式等方面存在很大差别。而母语思维对我国学生的阅读有着巨大的影响，其带来的负迁移作用也成为我国学生阅读中的一个很大障碍。这要求教师在阅读教学的过程中，多加注意与总结英汉两种语言的异同点，注重对学生进行跨语言的思维训练，帮助学生在阅读过程中扫清思维障碍，顺利进行阅读活动。

二、文化因素对大学英语阅读教学的影响

（一）词语文化因素对大学英语阅读教学的影响

英语中很多词语的意思并不是词典里所解释的字面意思那样简单，很多时候词语本身中隐含特定的文化内涵。要深入地理解这类词汇，必须了解其背后的文化因素。只有了解词汇的文化背景知识，学生才能在阅读过程中顺利理解句意。例如：

Fairy tales do not tell children the dragons exist. Children already know that dragons exist. Fairy tales tell children the dragons can be killed.

阅读上述材料，需要首先了解中国文化中的"龙"和西方文化中的dragon之间的差异，这样就很容易理解为什么童话故事要向孩子灌输龙被杀死的观点。

此外，习语、成语、典故等都隐藏着丰富的文化内涵，只有了解其文化内

涵，才能更好地进行阅读理解活动。例如：

The book must be her swan song.

这书是她的辞世之作。

英语 swan song 来自于一个西方古代传说——天鹅在临死时会伴有美妙的歌声。了解了这一文化背景信息，学生才能更好地理解句子的含义。

（二）句子文化因素对大学英语阅读教学的影响

在阅读过程中，要想实现对句子的正确理解，需要学生灵活采用各种阅读技巧，如注意句子上下文之间的逻辑关系，重视段落的首尾句，关注一些关联词线索等。其中，句子背后隐藏的文化内涵也是需要学生格外关注的，否则即使认识文章中的每一个单词，也可能无法理解句子的真正内涵。例如：

The world was my oyster.

整个世界就是我的盘中菜。

英语原文出自《温莎的风流娘们儿》，牡蛎是获得珍珠的海洋生物，将世界与牡蛎作比，其背后寓意在于告诉人们世界充满着机遇，人们在这个世界里可以做任何事情。在阅读理解过程中，如果学生不知道这一文化信息，将其解读为"这个世界是我的牡蛎"，就是对原文的误解。

（三）语篇文化因素对大学英语阅读教学的影响

文章是以语篇的形式呈现的，所以学生要把握语篇的结构，同时了解英汉语篇方面的差异，这样才能更加有效地进行阅读。

英汉语篇存在很大差异。具体来说，受西方文化的影响，西方人十分强调个体的独立性，注重主观意见的突出，体现在语言上就是在语篇的开篇设定主题，或是在段落的开头点明主题，然后围绕主题展开论述。而汉语语篇在表达观点时常常比较委婉，常从较远的相关的外围问题入手，从而呈现螺旋式的思维特点。

在语篇的衔接上，英语注重形合，常采用各种连接词确保语篇的逻辑性。但汉语注重意合，很少采用连接词，多靠上下文逻辑关系来体现语篇的连贯性。

可见，英汉语篇存在诸多差异并对阅读教学产生了不可忽视的重要影响。对此，教师在阅读教学中应向学生讲授英汉语篇及其文化差异，提醒学生在阅读过程中多加留意。

第七章 跨文化交际语境下的大学英语阅读和写作教学探究

三、跨文化交际语境下大学英语阅读教学的原则

（一）兴趣性原则

兴趣可有效激发人对某一事物的积极性，并且将一个人的主动性充分调动出来。正因为如此，"兴趣是最好的老师"这一观点得到普遍认同。所以，教师在英语阅读教学过程中应采取丰富多样的手段激发学生的学习兴趣，使他们在兴趣的带领下积极参与到英语阅读中，即采取兴趣性原则。

具体来说，教师可采取下面一些方法。

(1)丰富教学手段。

(2)对教学内容进行适当变化。

(3)有效避免教学活动的枯燥乏味。

（二）真实性原则

教师运用真实性原则时，应从以下两个方面入手。

(1)阅读目的的真实性。教师应深刻认识阅读教学的目的，并据此来对阅读练习进行多样、丰富的设计，选择合适的教学方法。通常而言，学生的英语阅读目的也是多种多样的，有的是为了对自身的语言知识进行获取和验证，有的是为了消遣，有的是为了批判作者的思想，因此教师应依据目的的不同来采用相应的教学方法和练习。

(2)阅读材料的真实性。为了更好地激发学生的阅读兴趣，教师应选择学生喜闻乐见的或与学生的日常生活紧密相关的阅读材料。此外，教师应重视阅读材料中的语言使用情况，应使其与学生的实际语言水平相适应。同时，对学生的阅读技能进行专项训练时，教师可以选择不同体裁与题材的阅读材料，从而提高学生的阅读能力。

（三）循序渐进原则

阅读能力与阅读速度是既有联系又有区别的一组概念，因此教师应该从阶段和目的出发，对阅读效果反馈、阅读任务确定、阅读方法选择等因素进行综合考虑，对学生的阅读速度渐进调整，使其达到张弛有度。具体来说，教师在英语阅读教学的起始阶段应将学生对阅读材料的理解作为重点，因此可适当放慢阅读速度。随着英语阅读教学的不断深入，学生在词汇量扩充、语法知识的增加以及语感提升方面都会逐渐取得进步。

(四)培养语篇结构意识原则

在大学英语阅读教学中,教师要注意给学生讲授不同文体的不同组织形式,也就是文体的结构与语篇的组织形式。不同的文章,其结构形式存在很大的差异。以说明文为例,学生首先要认识到说明文用以解说事物、阐明事理,通过揭示概念来对事物的特征、本质以及规律性进行说明,给人提供各类科学知识。对说明文的概念特征有所了解之后,在阅读中就要对事物的解说、事理的阐明给予特别的关注,从许多重要的概念中形成被说明事物的总体印象,接着再利用次要的概念对这一印象进行补充,使事物在脑海中的形象更为具体和丰富。这样就是从语篇角度出发,强调段落结构,从整体上对文章进行把握,便于获取总体信息。

(五)层层设问原则

提问是教师提高教学效果的有效策略,也是课堂教学过程中的重要一环。在阅读教学中,提问同样是有效的教学手段。但需要注意,提问并不是盲目进行的,需要讲究一定的策略,否则会适得其反,起不到应有的作用。具体来说,提问应当坚持层层设问的原则,不应一开始就提过难的问题,以免打击学生回答问题的积极性。教师应当对学生循循善诱,从简单的问题开始提问,由浅到深,学生通过回答问题获得自信后,再逐步增加问题的难度,引导学生主动思考。这样循序渐进提问题,学生会更积极开动脑筋,也能慢慢提高阅读能力。

(六)因材施教原则

在大学,学生来自不同的地区,学生成长的家庭环境也不相同,因此每个学生都有自己独一无二的特性。在教学过程中,教师要尊重学生的个体差异,坚持因材施教的教学原则。对于阅读水平较高的学生,教师可以向其布置一些有挑战性的阅读任务,鼓励其自主学习。对于阅读基础较差的学生,教师应当有足够的耐心,从难度较小的任务开始布置,帮助他们重树阅读的信心,提高他们的阅读兴趣,而后逐步增加阅读难度,激励他们不断取得进步。

四、跨文化交际语境下大学英语阅读教学的方法

(一)对比教学法

对比教学法是帮助学生了解两种文化异同的重要方法,因为两种异质

第七章 跨文化交际语境下的大学英语阅读和写作教学探究

的事物只有在对比中,才可以清晰地展现出自己的特色。在阅读教学中,教师进行中西文化对比,可以帮助学生加深对中西方文化的印象。教师在向学生讲解西方文化时,还要介绍学生所不知道的母语文化,培养学生的跨文化意识。只有将文化进行对比,才能了解在特定的文化中哪种语言和行为是合理的、哪种是不合理的。

例如,在饮食方面,中国人常常给客人夹菜,这是代表好客以及显示热情的态度;而西方人通常让客人随便吃,会对客人说 Help Yourself。再如,中国人听到赞美的言辞时,通常会对此表示不同意并表达自己的不配,这是谦虚的表现;而西方人则会礼貌地表示谢意。

(二)技能传授法

学生充分掌握各种阅读技巧有助于其顺利进行阅读,逐步提高阅读能力。

1.略读

略读不要求学生掌握所有的细节,而要求学生根据需求进行有选择的阅读,可有意识地略过一些词语、句子甚至段落。略读的目的在于帮助阅读者在最短的时间内了解文章的大意或中心思想。

由于略读主要适用于了解文章大意,把握中心思想,因而需要学生对语篇的题材有所关注。学生在使用略读时应注意第一段和最后一段,以及各段的第一句和最后一句。一般而言,第一段是一篇文章的梗概,有助于学生抓住主题、观点,而各段的首句和末句通常提供文章的线索。

在教授略读技巧时,教师要注意提醒学生重点阅读文章的第一段和最后一段,以及各段的开头句和结尾句。此外,要提醒学生注意对关键字词以及关联词的总结和积累,这样有助于学生在考试中提高解题速度。

2.寻读

寻读和略读一样,不需要对文章进行逐字逐句的阅读,只需根据需要在文章中迅速搜寻所需内容。寻读在应试中使用得最多,因为这种阅读技巧针对性极强,在快速找到所需内容的前提下,能帮助学生大大节省宝贵的时间,从而提高解题效率。

3.寻找主题句

基本上所有的文章都有一个主题,作者的中心思想也经常通过主题句体现出来,因此在阅读过程中,寻找主题句是理解作者写作思路的重要手段。主题句的位置通常比较灵活,有的位于段首,有的位于段尾,有的在段落中间,还有的文章并没有明显的主题句,学生在阅读过程中要多加总结,归纳主题句,提高阅读效率。

4. 推理判断

学生在考试中遇到阅读理解题时会发现,并不是所有的信息都能从文章字面意思上看出,此时就需要运用自己的推理能力进行正确判断。可见,推理判断对学生的能力要求较高,学生要在理解全文大意的基础上,对文章逐层进行分析,准确推断出文章的中心思想。推理判断大致有直接推理判断和间接推理判断两种,教师在阅读教学中可以有意识地培养学生这方面的技巧。

(三)语篇分析法

"语篇的组织模式是语篇组织的宏观结构。"(胡合元,2008)在语篇的生成与解构的过程中,语篇组织的宏观结构发挥着关键的作用。学生掌握了语篇的内在规律,可以更好地理解与分析语篇,提高阅读理解的效率。

理解语篇的主要目的在于推测作者的观点以及写作意图,侧重于分析主题大意、篇章结构、段落衔接等方面。因此,促进学生对英语文章理解的一种有效途径便是解析文章的语篇结构,归纳出结构特点,找到特定的语篇框架,使学生从语篇层面来认识文章的结构,并通过语篇结构的基本框架对文章进行分析。

常见的英语语篇的组织模式主要包括叙事模式、问题—解决模式、匹配比较模式、概括—具体模式、主张—反主张模式等几种类型,每种语篇模式有其各自的特点。学生只有了解英语语篇的组织模式,才能在英语阅读中自觉使用英语思维模式,促进阅读理解。

在英语阅读教学中,教师可以采取多种方式引导学生熟悉英语语篇模式,让学生学会对英语语篇模式进行分析,帮助学生逐渐提高阅读水平。

(四)多媒体辅助法

随着现代信息技术的迅速发展,多媒体开始受到很多教育者的重视,多媒体与英语教学的结合也越来越受到重视。多媒体可以使声与像、图与文有机地融合起来,具有极强的表现力与强大的功能,将多媒体引入英语阅读教学将会提高教学效果。英语教师应充分发挥多媒体的优势,将教学内容多角度、多层次地呈现给学生,为学生带来视听感观上的立体刺激,强化阅读学习的效果。

第二节　跨文化交际语境下的大学英语写作教学探究

一、大学英语写作教学存在的问题

（一）改革滞后

受传统教学思想的影响，我国的英语教学一直都是应试教育模式。近年来，虽然许多专家、学者、教师开始对学生的英语写作能力进行研究，但是因为改革力量薄弱，因此效果甚微。例如，学生英语思维能力的多方位、多角度、发散性、创造性、广阔性和深刻性仍然没有得到足够重视和训练。教师在实际授课过程中，也时常为了教写作而教写作，而未能将其与其他技能的教学有机地联系起来，从而使写作教学成为一个孤立的存在，最终使写作教学事倍功半。

（二）对写作重视不足

我国很多教师在英语教学中往往都十分重视词汇、词组、语法等知识的教学，对写作这一环节却不够重视，加之英语单词、语法教学已经占用了大部分课堂时间，留给写作教学的时间少之又少，这些都使得英语写作教学受到忽视。很多老师在布置写作练习时也经常只是作为课后作业留置，学生的写作得不到切实有效的指导，写作教学的有效性较低，学生的写作能力也得不到很好的锻炼。

（三）学生过多套用文章结构

传统应试教育思维对我国英语教学影响颇深，其中对我国写作教学的影响尤甚。一个重要的体现就是学生为了应付考试，在平时会更加注意积累考试中常出现的作文题型，甚至直接背诵作文模板，在考试中直接套用。从辩证的角度看，作文模板对学生的写作产生了一定的积极影响，如学生通过模板可以了解一些句型表达。但是从长远来看，这些模板更多存在的是弊端，因为它们会使学生疏于学习，在没有真正学会如何安排组织段落以及灵活使用各种连接词的情况下，只是机械生硬地套用格式，使得写出来的作文不仅生硬，而且漏洞百出，这显然背离了其帮助学生提高写作能力的初衷。

二、文化因素对大学英语写作教学的影响

(一)词汇文化因素对大学英语写作教学的影响

在英汉语言中,有一些词汇虽然字面意义相同,但是有着不同的情感意义,也就是词的褒贬含义不同。对此,教师在英语写作教学中要多加注意。

例如,英语 peasant 一词从历史上具有明显的贬义色彩,指的是社会低下、缺乏教养等一类的人;peasant 与汉语的"农民"一词字面意义相同,但情感意义不同。汉语中的"农民"指从事农业生产的劳动者,被视为最美的人,具有明显的褒义色彩。所以,汉语中的"农民"一词译为 farmer 更合适。

受文化差异影响,中西很多词汇在象征意义上存在很大差异,这在数字词、色彩词、动物词、植物词等方面体现得尤为明显。在不同语言中,同一概念可能被赋予了不同的象征意义。可见,英汉词汇层面的文化差异对英语写作往往具有很大影响,学生如果不能很好地把握词汇的文化内涵,那么在具体的写作过程中很有可能会误用词语,从而带来不良的后果。因此,教师在英语写作教学中要有意识地引导学生掌握这方面的知识,避免应用不当,出现错误的表达。

(二)语篇文化因素对大学英语写作教学的影响

英汉语篇存在很多差异,具体到英语写作教学中,语篇文化因素的影响主要体现在如下几个方面。

1.语篇衔接差异

语篇的衔接手段有两种:词汇衔接和语法衔接。在词汇衔接层面,英汉语言并没有太大的区别,而在语法衔接层面,二者的差异较大,下面进行具体介绍。

(1)省略

省略简单来说就是将句子、段落、文章中某些可有可无的成分省略不提。在英语语篇中,写作者经常通过省略实现语言凝练、简洁的目的。众所周知,英语语法的结构是十分严谨的,不管从形态上还是从形式上,使用省略这一方式不会引起歧义现象,正因如此,英语语言中使用省略的现象非常普遍。相比之下,汉语语篇在省略的使用频率上则要远远低于英语语篇。

不仅如此,英汉语篇对于省略的成分也存在不同表现。具体来说,英语语篇中不会省略主语,但汉语语篇中除了第一次出现的主语之外,后面出现

第七章　跨文化交际语境下的大学英语阅读和写作教学探究

的主语往往都可以省略。之所以出现这种区别,主要是因为汉语主语比英语主语具有的控制力、承接力都更加强大。

(2) 替代

替代就是将上文中所提到的内容使用其他形式进行代替,这是语篇衔接过程中经常采用的一种手段。在英语段落中,人们经常使用词汇来传达两个句子之间所形成的呼应关系。在英语语言中,替代的形式有很多种,常见的有名词性替代、动词性替代、分句性替代。在汉语语言中,人们很少使用替代形式,因而典型的替代形式比较少见。通常,汉语中人们习惯对某一个词或某一些词进行重复,通过重复来实现句子与句子之间的连贯。另外,汉语中经常使用"的"的结构实现连接。

(3) 照应

照应指的是当无法对语篇中的某一个确定词语进行解释时,可以从这一个单词所指的对象中找到答案,那么就意味着这一语篇中形成了一种照应形式。从本质上而言,照应表达的是一种语义关系。

在汉语语篇中,照应关系也是随处可见的。汉语中不存在关系代词,但英语中关系代词十分之多,尤其是人称代词。因而,汉语语篇通常会使用人称代词来表达英语语篇中所形成的照应关系。

在英汉语篇中,照应关系的类型是基本相同的,不过二者使用这一形式的频率表现出很大的差异。英语照应中使用人称代词的频率比汉语中要高,这与英语行文通常要求避免重复,而汉语多用实称有很大的关系。

2. 语篇模式差异

语篇段落的组织模式也就是段落的框架,即以段落的内容与形式作为基点,对段落进行划分的方法。上文提到,英语语篇的常见模式包括如下几种。

(1) 概括—具体模式。
(2) 叙事模式。
(3) 主张—反主张模式。
(4) 问题—解决模式。
(5) 匹配比较模式。

这几种组织模式之间可以相互融合与包含。

英汉两种语言的语篇中的叙事模式、主张—反主张模式基本相同。而汉语语篇的段落组织模式也有其自身的特点,主要体现在以下两个方面。

(1) 汉语语篇段落的重心位置与焦点通常出现在句首,但其位置也不是固定的,较为灵活,有时也可能会出现在段尾。例如:

你将需要时间,懒洋洋地躺在沙滩上,在水中嬉戏。你需要时间来享受这样的时刻:傍晚时分,静静地坐在海港边上,欣赏游艇快速滑过的亮丽风景。以你自己的节奏陶醉在百慕大的美景之中,时不时地停下来与岛上的居民聊天,这才是真正有意义的事情。

在上例中,段落的重心与焦点是"真正有意义的事情",位于段尾。

(2)汉语语篇的段落组织重心和焦点有时并不直接点明,甚至没有焦点。例如:

坎农山公园是伯明翰主要的公园之一,并已经被授予绿旗称号。它美丽的花圃、湖泊、池塘和千奇百怪的树木则是这个荣誉的最好证明。在这个公园,您有足够的机会来练习网球、保龄球和高尔夫球;野生动植物爱好者可以沿着里河的人行道和自行车道游览。

(三)话语表述方面的差异对大学英语写作教学的影响

英汉话语表述存在明显差异,并对英语写作产生了重要的影响。具体来说,英语话语表述通常为"主语—谓语"结构,即主谓结构。但汉语的话语表述多为"话题—说明"结构,其中"话题"是指说话者意图表述的对象,"说明"是指说话者对意图表述对象的解释。例如:

Some books are to be tasted, others to be swallowed, and some few to be chewed and digested.

有些书可浅尝辄止,有些书可囫囵吞枣,有些书要细嚼慢咽、慢慢消化。

在英语写作过程中,很多学生因受汉语话语表述方式的影响,常采用多个并列的句子进行表述,这明显有违英语话语表述的习惯,从而给人留下中式英语的印象。这就要求教师在写作教学中注意向学生讲授英汉语言在这方面的差异,让学生在清楚了解这些差异的基础上,避免受母语迁移的负面影响,锻炼英语思维,从而写出符合英语表达习惯的地道文章。

三、跨文化交际语境下大学英语写作教学的原则

(一)注重基础原则

在写作教学过程中,教师经常会发现学生的写作存在这样那样的问题,如套用作文模式、语言基础不扎实、细节写作不完善等,这些都提示教师在写作教学中要先帮助学生打好写作的基础,这样才能真正使学生的写作水平提升至一个新的高度。在此主要讨论英汉对比对学生写作的重要影响。

众所周知,英汉两种语言分属于不同的语系,英语是拼音文字,属于印

第七章　跨文化交际语境下的大学英语阅读和写作教学探究

欧语系,具有从综合性向分析型发展的特点;汉语是表意文字,属于汉藏语系,其语言特点以分析型为主。语系的不同决定了英汉语言在词法、句法、语篇等层面的差异。如果学生长时间受汉语思维影响,就很容易在英语写作过程中体现出汉语的表达方式,即所谓的 Chinglish(中式英语)。因此,教师在英语写作教学中要注意加强词汇和句法的英汉对比教学,帮助学生了解两种语言之间的差异,避免在写作中犯错。

具体来说,教师要注意避免英汉单词语义的直接对应性,应注重单词的上下文语境等,以免学生在写作时逐词套译。此外,汉语句子注重"意合"强调通过语义将句子连接起来,而英语句子注重"形合",句子之间往往通过连词等来连接,教师要注意加强此类对比,让学生多了解英汉民族思维方式的不同。整体来说,汉语民族习惯整体思维,常常先整体后局部,从大到小顺序排列,英语则相反。

(二)学生中心原则

传统的英语教学通常采取教师为中心的教学模式,遵循以教师中心的教学原则,教师是整个教学活动的中心,在教学中学生只是被动地接受知识。随着英语教学改革的不断推进,越来越多的人开始意识到学生才是教学的主体,任何教学活动都应围绕学生及其需求来展开。因此,现代英语教学为切实提高学生的英语水平,对学生的学习规律给予了充分的重视与尊重,把教学和学习的主体归还给学生。英语写作教学同样要尊重学生的主体地位,遵循以学生为中心的教学原则。教师在英语写作教学的过程中应鼓励学生真正参与到教学当中,为此可以采用小组讨论的方式进行教学。小组讨论主要有以下几种方式,教师可以根据教学实际和学生水平灵活加以运用。

1.复习式

复习是一种很好的帮助学生巩固所学知识的方法。通过复习,学生可以了解自身的薄弱之处,从而有针对性地加以改进。需要注意的是,在采用这种讨论方式时,教师要切忌简单地重复知识,而是应该保持一定的新鲜感,以保持学生对讨论的兴趣。

2.提问式

在小组讨论的过程中,提问是一个核心环节。提问的作用是多方面的,如可以降低学生的写作难度,可以引导学生表达思想,还可以通过提问鼓励学生开口,勇于质疑。提问的重点在于得当性,这主要体现在两个方面。首先,教师提问的方式要得当;其次,提问问题的次序要得当。教师应向学生提出明确的问题,通过学生的回答得到有效的反馈信息,深入了解学生的学习状况与能力。

教师提问时,为了避免课程秩序的混乱,要提前对回答的方法或方式予以确定,如写在纸上或举手回答。另外,教师提出的问题应覆盖不同的难易程度,从而使不同能力与水平的学生都能积极参与进来。

3. 卷入式

卷入式也是小组讨论的重要形式,这种方法可以让尽可能多的学生参与到写作教学中。为了向所有学生提供参与、回答的机会,教师可灵活采取多种方式,如让学生重复问题或重复答案,让学生提出问题,让学生集体回答等。

4. 学生互助式

学生互助式为多名学生共同完成一个问题的回答或者学生之间的相互问答提供了平台,学生在此过程中还能够学会怎样尊重、支持他人的观点。

5. 反馈式

如果想了解学生的基本情况,反馈式是一种十分有效的方式。小组讨论的效果在很大程度上取决于是否能随时获得全班的反馈信息,因为教师正是根据反馈信息来对课堂进展进行及时调整的,以此来保证全体同学都能参与进来。

上述是小组讨论的几种主要形式,教师可以根据学生的英语水平与班级的大小来综合运用。但教师无论采取哪一种或哪几种方式,都应注意将每个参与者的兴趣充分调动起来,从而使他们开动脑筋,积极参与。总之,教师在英语写作教学过程中,要时刻以学生为中心,将这一原则贯穿到写作教学的各个环节。

(三)循序渐进原则

做任何事情都不是一蹴而就的,而是有个循序渐进的过程,英语教学尤其如此。在英语写作教学中,教师要时刻谨记循序渐进原则,遵循先易后难的教学规律。

具体来说,在英语写作教学中,循序渐进原则主要有三个方面的含义。

(1)就语言本身来看,语言是从词到句子再到语篇,是由简单到复杂的循序过程。因此,学生首先要从单词的记忆抓起,然后重视句子的写作,并

第七章　跨文化交际语境下的大学英语阅读和写作教学探究

逐步向语篇过渡。在具体的写作教学中，教师可以向学生传授如何构思文章、分析段落、理解句子之间的逻辑关系、运用正确的写作技巧等。

(2)从写作训练的活动来看，要注意从易到难，先进行简单训练，然后逐步向复杂过渡。为此，卜玉坤教授曾提出了"大学英语写作分阶段教学的具体方案"，这一方案很好地遵循了写作训练活动循序渐进的原则。具体来说，首先要从写简单句和复合句开始，然后是段落的要点、组成及其发展方法，然后要弄清文章的问题类别和结构，并清楚写作的技巧与修辞手段。在此基础上，学习写作步骤，进行范文分析或仿写，最后进行独立撰写实践。

(3)从文体方面来说，文章主要有叙述、说明、描写、议论四种文体，因此写作教学也要注意这四种文体的写作练习。具体来说，在进行训练时，应以单项表达方式的训练为切入点。此外，训练中的字数要求应按照从少到多的顺序逐渐提高，应在学生对各单项技能都掌握之后，再开展包括两项到多项技能的组合训练。对于教师来说，其可以先向学生讲解各种文体及其语言特点，然后说明写作要求和字数要求。在学生对各种表达方式的单项技能能够熟练运用之后，再安排学生进行简单应用文的写作练习。

总之，教师在写作教学中要切实遵循循序渐进的原则，不可不顾学生写作实际盲目推进教学，这样只会适得其反。

(四)多样化原则

英语的表达手段十分丰富，同一意义可以使用不同的句型来表达。在写作教学的过程中，教师指导学生写作的重要途径是引导学生学习使用不同的句型结构来表达同一意思，这不仅可以弥补学生在语言知识上的不足，而且能启迪学生的思维，从而把知识变成技能，灵活运用语言。例如：

I got up late this morning. I had to catch the early bus. I was late for class.

学生可以使用以下几种不同的方式来表达这一个简单句(宫可成，1993)。

(1)I got up late this morning and had to catch the early bus. That was why I was late for class.

(2)I got up late this morning and I had to catch the early bus, so I was late for class.

(3)I was late for class. It was because I got up late and had to catch the early bus.

(4)I was late for class because I got up late this morning and I had to catch the early bus.

(5)Getting up late this morning and having to catch the early bus, I was late for class.

(6)The reason why I was late for class this morning was that I got up late and I had to catch the early bus.

(五)重视评估原则

教师在写作教学中尤其要注重遵循评估原则,并不是学生写完作文交上就结束了,学生的习作肯定会存在这样那样的问题,教师只有进行认真的评阅,才能使学生及时得到反馈信息以进一步修改习作,不断提高其写作能力。一般来说,写作教学过程中涉及的评估主要有两种,即结果评估和过程评估。

1.结果评估

"写作成品"是写作完成的标志,对写作结果的评估也就是对学习成绩的评估。通常来说,教师都会采取"等级"方式来对学生上交的作业进行评估,即结果评估。这种评价方式虽然可以在一定程度上帮助学生发现问题,但其缺点也是十分明显的,既增加了教师的负担,也容易使学生失去写作的信心。

相关研究成果表明,要想切实帮助学生提高写作水平,仅依靠写作惯例的监测是远远不够的,还应使用建设性、鼓励性的反馈。此外,对写作过程与写作内容的评估有助于培养学生对写作的兴趣和正确态度。在面对学生的错误时,教师应避免过度纠错对学生自尊心带来的伤害。具体来说就是教师在给出反馈时,应当以鼓励为主,在必要时指出需要改进之处。

2.过程评估

对于英语写作来说,结果评估多于过程评估。然而,如果将写作教学看作一种过程,过程评估的重要性也是不言而喻的。一般来说,过程评估的方式多样化,评估的主体既可以是教师,也可以是学生,还可以让学生进行自评。

四、跨文化交际语境下大学英语写作教学的方法

(一)语块教学法

在跨文化交际背景下,教师可以有效采用语块教学法。研究表明,英语

第七章　跨文化交际语境下的大学英语阅读和写作教学探究

中存在词汇程式现象,也就是成串的语言结构,这些词汇组合就被称为语块。语块教学法作为英语教学中一种行之有效的方法,也可以广泛应用于写作教学。教师可以借助这一方法向学生介绍有关语块的基本知识,如概念、分类等,让学生明白语块对语言能力提高的重要意义。学生明白了语块的重要性,就会在学习中不断积累语块并有意识地加以运用,从而写出优美、地道的文章。具体来说,英语教师可以通过以下两个方面展开语块教学。

1.建构相关的话语范围知识

所谓相关的话语范围知识,主要包含与主题相关的各种社会知识与文化知识。在传统的写作教学中,这一环节未引起师生的足够重视,实际上这是写作教学的第一步。在这一阶段,教师需要在以下几个方面做出努力。

(1)向学生传授与话语范围相关的知识,并帮助学生进行掌握。具体来说,教师可以通过与学生进行交流,也可以让学生对其他学生的相关经历有所了解。

(2)对与话语范围相关的双语语言进行比较,尤其是不同语言的异同点,从而了解这些语言背后的文化背景,以及文化背景对话语范围所产生的影响。

(3)对与话语范围相关的词汇及表达形式进行列举、选择与整理。

具体而言,教师可以引导学生开展如下教学活动。

(1)教师提前为学生准备一些与话语范围相关的语篇,让学生对这些语篇进行比较与探讨,以便于学生发现不同语言的异同点。

(2)在课堂上,教师组织学生探讨自身的经历,如旅游经历,可以让学生对自己旅游过的地方、乘坐的交通工具等进行描述。

(3)教师安排学生准备一些与主题相关的物品,如实物、照片、视频等。

(4)教师可以让学生从写作的角度来认真阅读语篇,并对语篇中的语言符号、辨别意义等有所了解。

(5)教师可以组织学生参加与主题相关的活动,如讨论购物主题时可以让学生亲自去超市购物等。这些活动可以让学生对主题有着深刻的感受。

(6)学生在阅读语篇的过程中,对自己遇到的生词进行归纳,并将这些新词与已学内容相联系。

2.建立相关语类的语篇模式

在这一阶段,教师写作教学的主要目的包括以下几个方面。

(1)让学生对语类及相关主题的语篇有清楚的了解和把握。

(2)让学生对语类结构与结构潜势有深刻的了解。

(3)让学生对语篇语境有清楚的把握。

(4)让学生对交际目的、交际功能有清楚的了解。

具体来说,教师需要在以下几个方面做出努力。

(1)通过分析语篇,向学生传达与语类相关的知识。

(2)通过分析语篇,让学生感受到与语类相关的词汇、结构等,分析这些词汇、结构等如何表达主题。

(3)通过分析语篇,让学生感受语类的社会意义。

具体来说,教师在这一阶段可以安排如下几种具体的活动。

(1)教师为学生阅读一遍语篇。

(2)教师与学生一起阅读语篇。具体来说,教师可以领读,也可以安排学生轮流阅读。

(3)教师引导学生根据语篇内容,推测语篇的背景,如所处的社会时代、文化背景、作者的写作目的等。

(4)教师让学生回忆他们在其他时间学过的类似的语篇,并组织学生分小组交流语篇的主要观点、主要内容等。

(5)教师组织学生分析语篇的结构与框架,如语篇由几个段落构成,这些段落如何达到连贯等。

(6)教师或者学生寻找一些类似的语篇,对语类结构的分析方法进行训练。

(7)教师以语类为基础,引导学生对一些规律性的语法模式进行总结与归纳。

(8)教师引导学生思考语法模式与语类的关联性。

(二)对比教学法

对比教学法是英语教学包括写作教学经常采用的一种有效方法,因为英语和汉语两种语言存在着许多差别,通过对这两种语言进行对比,可以帮助学生了解其中的差异,从而帮助学生学习英语。

在写作教学中,教师在批阅学生习作时可以灵活插入对比教学法。具体来说,教师可以适时指出学生习作中不符合英语表达习惯的语句,如果有条件,教师可直接注明地道的英语表达方式,让学生对英汉表达方式进行对比,清楚地明白其中的差别,从而在以后的写作中多加注意。例如:

原文:老、幼、病、残、孕专座。

中式英语表达方式:Seats reserved for seniors, young people, patients, the disabled and the pregnant.

第七章　跨文化交际语境下的大学英语阅读和写作教学探究

规范英语表达方式:Seats reserved for the old,the young,the sick,the disabled and the pregnant.

分析:英语表达在对词汇进行选择时往往注重读者的感受。

原文:肺炎是传染的。

中式英语表达方式:Pneumonia is contagious.

规范英语表达方式:Pneumonia is infectious.

分析:按照英美人文化习惯,呼吸传染用 infectious,接触传染用 contagious。

(三)网络教学法

近年来,科学技术迅速发展,依托科技成果的各种教学法也应运而生。其中,网络教学法是一种行之有效的方法,网络为学生提供了一个很好的学习平台。教师在写作教学中可以采用网络教学法,具体可从以下几个方面入手。

(1)教师应鼓励学生在学习过程中利用好网络资源,积累写作素材。在写作过程中,学生可充分利用网络来查询信息,同时学生的自主学习能力、独立思考问题的能力会得到相应的提升。将网络运用于写作教学中,还有利于转变传统的单向教学模式。

(2)教师应引导学生利用网络展开英语阅读,逐渐增加词汇量,学习最新的英语词汇,为学生英语写作能力的提升提供有效的辅助。

(3)教师可以利用网络技术创建网络课堂,提供一个可用于教师与学生进行互动交流的平台,多与学生进行交流、讨论,为学生的写作实践提供相应的指导。

(四)综合教学法

英语的几项基本技能之间并不是孤立存在的,而是互相联系、互相影响。在大学英语写作教学中,综合教学法也是一种非常重要的教学法,将写作与其他技能结合起来进行教学,体现了事物之间互相联系的哲学观点。这里主要介绍听写结合、读写结合、说写结合以及写译结合。

1.听写结合

在写作教学中,教师可以将写作与听力结合起来进行教学。例如,可以通过边听边写的教学方式帮助学生提高写作能力。教师可以让学生听录音或直接向学生朗读,同时让学生随时记录下来听到的内容。这里的内容可以是多样化的,既可以是英语教材上的文章,也可以是课外读物上优美的文章,还可以是一些精彩的小故事。

在边听边写的基础上,教师可以进一步加深教学,让学生完成听后复述任务。具体来说,教师可以自己朗读,也可以播放录音给学生听,让学生集中精力听三遍。听完后,学生可以笔述,也可以直接进行复述。需要注意的是,在这里教师不必对学生要求太高,即不用让学生一字不落地复述下来,而是只总结出所听材料的大意即可。学生笔述或复述活动可以很好地帮助其提高语言组织和表达能力,从而为写作打下坚实的基础。

2. 读写结合

读与写之间是相互促进、相辅相成的关系,读是写作素材来源的重要途径,写能进一步加深和巩固阅读能力。在阅读过程中,很多学生都是理解了文章的内容即可,很少从中吸取有利于写作的素材。对此,教师应引导学生在阅读中体会作者遣词造句的技巧,并培养学生记笔记的良好习惯,从而使学生积累大量的利于写作的语言知识。这样,学生的阅读不仅更加深刻,写作能力也会随之提高。

3. 说写结合

说和写是相互贯通的,因此教师可以通过说和写结合的方式进行写作教学。例如,教学中有很多关于对话的文章,教师可以让学生将一些对话改为短文。学生在改写过程中,要格外注意时态、语态以及人称的变化,并尽量使用对话中的新词汇和新句型。

教师也可以组织课堂讨论。具体来说,在课堂上,教师可将作文题目写在黑板上,让学生分组讨论,总结讨论结果,并一起完成写作任务。写作结束后,小组派出一位代表展示本组作文,供教师和其他同学评阅。

4. 写译结合

在进行翻译训练的过程中,学生不仅能够提升语言意识,其写作能力也会得到相应的提高。具体来说,教师可以对学生进行表达习惯、句法规则以及篇章结构等方面的指导,让学生了解英汉两种语言的异同,增强思维能力的转换。

第八章　跨文化交际语境下大学英语教师的发展

在全球化的背景下,世界各地的政治、经济、文化往来频繁程度前所未有,而英语在各国交往中发挥着重要作用。新时期英语教师的专业素养决定了其能否正确地引导学生进行语言学习,培养出具有世界格局的英语人才。本章从跨文化语境下大学英语教师的角色定位、素质要求以及专业发展途径三个方面来探讨大学英语教师的发展。

第一节　跨文化交际语境下大学英语教师的角色定位

一、学生跨文化意识的路标

跨文化交际能力的培养是一个长期的过程。实际上,跨文化交际能力的培养是通过提高学生的跨文化交际意识来实现的,跨文化交际能力是跨文化交际意识的外在表现。跨文化交际意识的形成包括以下四个阶段。

(一)文化意识觉醒时期

在文化意识觉醒时期,个体开始意识到文化及其影响的存在,并且开始意识到其他文化的存在。

在这一阶段的教学活动中,教师应努力引导学生去发现不同文化存在的差异,不但包括具体、外显的文化差异,而且包括抽象、内隐的文化差异。文化意识觉醒时期的关键特征表现为非判断性观察,即客观描述所见文化,避免使用判断性语言进行评价。换言之,避免使用"滑稽""落后"或是"进步"等字眼仓促地为某种文化行为贴标签。理想的跨文化交际者应该以作科学报告的态度描述所见现象,因此教师应该设计一些描述跨文化交际现象的课堂活动,提高学生对认知对象进行客观描述的能力。

（二）文化态度建立时期

在认识到文化和文化差异的同时，人们会对此做出积极或消极的反应。这一阶段，理想的培养结果是主体能够以中立或接受的态度对待文化差异，但事实上，人们最常见的做法是背离自身文化接受目的文化，或者排斥目的文化坚持自身文化。在这一阶段的教学活动中，教师应该着重帮助学生培养处理分歧和差异的能力，要让学生明白世界上并不是只存在一种行为模式，也并不是只存在一种社会组织方式，我们应该学会接受差异，接受文化多样性。

（三）融入其他文化时期

这一时期是跨文化交际意识和能力发展的高级阶段，个体在跨文化交际语境中表现出双重文化身份，可以进行双语思维。实现双重文化身份要求行为主体具有移情能力，这不仅要求行为主体把自己投射到目的文化的人物身份中，还要求行为主体自愿放弃与自身文化身份的密切关系。

行为主体开始尝试融入其他文化，以其他文化视角思考问题和实施行为。在这一时期的教学活动中，教师应引导学生转换文化立场，超越自己所在文化的框架模式，将自己置身于其他文化模式中，培养学生对其他文化的理解能力。

（四）文化理性时期

在跨文化交际意识形成的最后一个阶段，行为主体能够初步评价自己所属文化中的某些现象，并且能够对其他文化的某些方面做出判断和评价。行为主体的认知水平在这一阶段已经能够超越具体文化，看到不同文化中的优点和缺点，成为世界公民，找寻文化的共通之处，评价世界文化的活力和多样性。

在这一阶段的教学活动中，教师应培养学生尊重不同文化的能力，但此时教师应提醒学生在注意尊重其他文化的同时，可以保留不同的看法和意见。

二、培训者与合作者

英语教师不仅是英语语言的诠释者和分析者，更是英语语言技能的培训者和合作者。在学生进行语言学习时，对语言知识的掌握是必要的前提

第八章　跨文化交际语境下大学英语教师的发展

条件和基础,而学习语言的目的是提高和发展自己的语言运用能力。一般来说,语言技能包含听、说、读、写等。从语言的发展规律上来看,听说位居第一,而读写其次。但是,从外语教育的角度来说,读写是居于第一,听说第二。这就说明,英语教育的目标是让学生具备一定的读写能力,而听说能力是提升学生读写能力的前提和基础。

因此,在英语教学中,教师具备对语言技能的掌握能力是必需的,这是一个整体的概念,是听、说、读、写的有机结合。如果不能掌握这些技能,教师就很难驾驭语言课程,也很难娴熟地对语言教学活动进行组织,也无法完成提升学生语言技能的重要目标。另外,教师还担任着英语语言训练的合作者的身份。也就是说,并不是教师将任务布置给学生就可以了,还需要引导学生,参与到学生的活动中,让学生在教师的帮助下更游刃有余地学习,既学到了知识,完成了任务,也提升了英语教学效果。

三、引导者与帮助者

英语教师是英语语言知识的诠释者,因此他们首先应具有渊博的英语语言知识储备。也就是说,英语教师必须对专业知识有一个系统的掌握,并能够系统地分析各种英语语言现象。从教师教育的研究中不难发现,英语教师需要掌握的专业知识包含理论知识、形式知识、语境知识、实践知识等。这些知识不仅包含语言形式结构的知识,还包含语音知识、词汇知识、语法知识、语篇知识、社会文化知识等具体的语言使用知识。英语教师只有掌握了这些知识,才能对语言材料、语言现象有一个清晰的认识,也才能解答学生学习中所遇到的问题,从而使学生实现恰当的理解和语言输出。另外,语言技能的掌握和使用也离不开语言知识的积累。无论教师采用何种教学策略,其必须要教授的教学内容就是英语语言系统知识及对这些知识的分析和输出。可见,教师是学生学习英语语言知识的引导者和帮助者。

四、评价者与掌控者

教学评价是英语教学的一个重要环节。对英语教学进行科学、全面、客观、准确的评价对于教学目标的实现是非常重要的。教学评价既是教师获取教学反馈、改进教学管理、保证教学质量的一个重要依据,也是学生改进学习方法、调整学习策略的一个有效手段。教师通过批阅学生的作业就可以了解学生对知识点的掌握情况,也能给学生提供反馈意见。

五、教学方法的探索者

在英语教学中,教师不仅仅是固有教学方法的使用者,也承担着新型教学方法的探求者和开发者的角色。语言教学具有很强的实践性,因此其与教学方法关系密切。英语语言知识的分析、语言技能的掌握、课堂活动的组织等都离不开教学方法的参与。英语教学的方法有很多种,如语法—翻译法、听说法、交际法、情境法、任务法、自主学习法等,这些方法都存在某些优点,也存在着某些缺点。任何一种教学方法都不是万能的,英语教师需要将各种教学方法综合起来组织和实施教学,以便取得更好的教学效果。就当前的英语教学来说,教学模式已经从传统的以教师为中心转向了以学生为中心,强调学生的地位,这也有助于实现教师和学生的双向互动。

六、语言环境的创设者

根据二语习得理论,语言环境对于语言学习有着至关重要的作用,尤其是在缺乏真实语言环境的教学中更是如此。通过创设真实的语言环境,教师可以将新旧知识联系起来,并且让学生充分了解中西方的文化传统习俗,接受原汁原味的中西方文化的感染和熏陶。这比学生单独学习词汇、单独学习句子等成效显著得多。英语语言环境的创设不仅可以在课堂教学中进行,也可以在课外教学中进行。

七、课堂活动的组织者

对于任何教学活动来说,课堂活动是必不可少的,这在英语课堂也不例外。英语课堂活动是课堂教学的载体,设计合理的英语教学活动有助于提升教学的质量。英语是一门特殊的学科,有着明显的实践性特征,因此作为课堂活动的组织者,教师需要对英语技能进行培养和训练,同时组织和营造积极的学习环境,让学生在轻松的氛围中掌握知识。

八、语言教学的研究者

英语教师除了担任语言教学任务外,还承担着教学研究的任务。他们在掌握语言教学理论与性质规律的基础上,逐渐构建自己的教学理念,并运用这一理念去指导实践活动,达到良好的教学效果。因此,英语教师在英语

第八章　跨文化交际语境下大学英语教师的发展

语言教学实践中,必须进行英语语言教学的理论研究,将教学研究与课堂教学实践相结合,从而实现由理论到实践的转变,再到理论的升华。

九、文化差异的解释者

英语教师还充当着中西方语言文化差异的解释者的角色。文化背景与文化传统不同,价值观念和思维方式也存在明显差异。文化差异逐渐成了英语教学过程中的障碍。从社会文化角度来说,语言是一种应用系统,具备独特的规范和规则,是文化要素中不可或缺的一部分。在英语教学中,教师除了要教授英语语言知识和技能外,还需要教授文化背景知识,三者是相互促进、相互弥补的关系。在讲解语言知识的基础上,教师除了要讲解本土文化知识,还需要讲解英语民族的文化知识。

中西方语言文化的差异性主要体现在社会制度、风俗习惯、思维方式以及道德价值上,其在词汇、篇章、言语行为中都能够体现出来。作为中西方语言文化差异的解释者,英语教师需要对中西方的语言文化及差异性有一个清晰的了解和认识,因此需要大量阅读中英文资料,观看中英文电影,积累足够的能够表现中西文化差异的一手素材。另外需要指出的是,在充当中西方语言文化差异的解释者的过程中,教师需要保持一种中立的态度,文化没有好与坏,在选取素材上也尽量选取那些不会伤害任何文化的素材,这样有助于更好地引导学生对文化差异有一个清晰的认知。

十、现代技术的应用者

在新时期,即网络、多媒体非常普及的当今社会,英语教师的职责并没有削弱,而是面临着更艰巨的挑战,因为这一全新的教育形式对英语教师提出了更高层次的要求。基于网络、多媒体的英语教师必须学会运用先进的教学手段和教学模式,改变传统的教学理念和模式,使自己成为现代技术的应用者,这样才能适合当前教育的需求。对于英语教师而言,熟练应用现代技术的能力主要体现在如下几个方面。

(一)设计有效的主题教学模式

在新的时期,英语教学要求教师设计和探讨新的教学方法和教学模式,既要将网络多媒体的优势发挥出来,又要提升学生的学习效率。但是,英语教师设计的主题教学模式应该是学生感兴趣的热点话题。整个主题教学模式是围绕某一主题进行的,让小组进行关于主题的分散讨论,最后以主题写作形式结束单元主题的教学。当教师运用网络与学生进行讨论时,要对教学的内容、网上的资源进行合理安排。一般来说,讲评和讨论可以在课堂上进行,而阅读和写作可以在网络上进行。教学中设计的每一个主题都可以在网上找到丰富的资料,包含其涉及的文化背景知识和发展动态,然后由学生自己进行整理总结,得出自己的结论,最后再与其他学生展开讨论,这样就可以摆脱课本对学生的束缚。

在这一教学模式下,教师在设计时尽量链接一些有效网址,如常用热点新闻网址,帮助学生接触更多的国内外新闻知识。同时,教师可以介绍一些国内外主要报纸、杂志的网址。另外,教师可以下载一些争议性、前沿性的资料,引发学生的挑战意识和欲望。当然,对于一些敏感性的话题,教师需要对学生进行正确引导,尤其是与国家尊严相关的话题。

(二)建立在线学习系统并监控学生的学习过程

网络多媒体技术为学生的英语学习提供了便利条件,而调控学生的学习、提供个别的指导是教师的主要任务,但是首先要做的就是建立一个完善的在线学习系统。这一系统不仅要包含教师端,还包含学生端。学生端首先需要填写自己的信息,然后按照班级让教师提出申请,进而加入到这一在线学习系统中。教师对学生端进行审核,确定无误后允许学生加入到该系统中。

根据导航指示,学生获取相关资料或者可以下载下来。例如,在线学习系统包含"单元测试"与"家庭作业"等子项目,学生在"单元测试"中进行训练和测试,在"家庭作业"中提交自己的作文。之后,学生可以通过"师生论坛"或者 E-mail 的形式与教师或者其他学生进行讨论,参与网上的交互。

不难发现,在线学习系统是课堂教学的延伸。通过系统的处理和记录,教师可以将学生的记录进行比较综合,从而迅速、直观地了解学生的学习状况。

(三)设计单元任务

单元主题目标的达成往往需要对单元任务进行设计,学生通过对真实任务的探索以及对英语语言的操练,既能够扩宽自己的知识面,又能够提升自己解决问题的能力。因此,语言单元训练任务是语言学习的一项重要项目,这就要求教师在网上设计相应的能够提升学生基本技能的任务,让学生在规定的时间内完成任务,然后提交后查看结果,电脑当场给予学生分数。学生以这种方式完成一系列的任务,有助于降低压迫感与挫败感,他们也愿意参与到任务中。

第八章　跨文化交际语境下大学英语教师的发展

语言单元训练任务的完成是学生接下来解决问题的前提，他们只有掌握了必备的语言素材，才能对相关的语言材料进行操练和应用。通过网络，学生可以选取教师设计的单元任务，根据自己的实际水平来决定，然后进行师生交流、生生交流，最后以网上作业的形式呈现自己的观点。

（四）促进交互机制实施

单纯的语言输入并不能保证语言的习得，而交互活动是语言习得的关键，其中交互活动包含意义协商和语言输出。网络多媒体为英语学习的交互提供了巨大的便利。作为交互学习的促进者，教师应该组织、指导和激发学生参与到主题单元的交互活动中。例如，利用 QQ 就某一专题与学生展开交流；利用 BBS 发布教学内容，布置给学生学习任务，为学生分析解决问题提供指导；利用 QQ 群或者讨论组与学生进行交流等。这些网络交互活动可能具有即时性，也可能具有延时性，但是在整个活动中教师都是以促进者的身份与学生进行平等的讨论，并给予恰当的意见。

（五）帮助学生利用网络学习

网络多媒体辅助英语教学的一个重要特色就是其具有网络监控作用。通过网络监控学习，有助于学生了解自己的学习过程，帮助学生实现自己的目标。教师是学生网络学习的帮助者，尤其是后进生的帮助者。通过学生对网页等的浏览，教师可以进行记录，了解学生的参与情况和次数，帮助他们了解学习中的困难，并解决实际中的问题。但是，由于学生出现的问题不同，因此教师应该根据不同的学生给予不同的指导和辅助，促进学生得到不同层次的提升和进步。可见，教师对学生网络学习的帮助更具有人性化，避免了学生出现畏惧心理，并能够帮助学生快速地解决问题，完成自主学习。

（六）搜集和分析大数据

进入 2013 年后，信息技术发展到大数据阶段。随着使用大规模的在线公开课程，学生可以免费获取大量的名校课程，学生进行学习的途径有更多的选择，这就对英语教师提出了更高的要求。数字教育平台的建立使得各门课程的网络学生有很多，网络信息库的资源被迅速捕捉出来。通过对学生的海量信息进行收集和挖掘，教师能够更准确地把握学生的特征以及学习的效果，并对学生下一步的学习形式和内容进行预测，真正地实现因材施教。作为大数据的搜集挖掘者和分析者，英语教师必须把握大数据分析的技巧和方法，其中包含模型预测、机器学习、比较优化、可视化等方法。

第二节 跨文化交际语境下大学英语教师的素质要求

一、我国英语教师文化素质的现况

提高英语教师的文化素质,是落实英语新课程教学要求,深入人文教育的必经之路。英语教师要想培养出具有较强英语语言能力与跨文化交际能力的高素质学生,需要先提升自身的文化素质。然而,当前我国英语教师的跨文化素质并不尽如人意,具体可以从两个方面看出。首先,在具体的英语教学过程中,教师经常忽视英语语言背后的文化信息。教师通常只强调培养学生的"纯语言能力",很少教授与英美语言习惯、生活方式等相关的文化背景知识。其次,在具体的教学过程中,教师主要采用语法—翻译教学法,忽视了对学生听、说、写等运用能力的培养。其造成的后果就是,语法讲解过多,实际交际过少,文化输入缺乏。在这种背景下,教出来的学生整体缺乏对英美国文化背景知识的了解,无法灵活地使用英语与英语国家的人进行交际。

二、影响英语教师文化素质提升的因素

概括来说,影响英语教师文化素质提升的因素有以下三个。

(一)教育理念亟待更新

从当前我国的教学现状看,英语教师存在的问题主要是"重语言,轻文化"。因此,当前提升大学英语教师文化素质的关键在于更新教学观念。不少英语教师因为文化素质不高,而对一些国家的文化背景了解不够,且对目的语文化意识的导入不到位,使得在英语教学中仅注重英语语言结构上的教授,忽视对学生跨文化意识的培养,使英语学习与文化教学完全脱节,最终使学生在实际的跨文化交际中频繁出错,大大阻碍了学生交际能力的提升。

(二)提高文化素质的积极性应有所提高

新的教学改革要求英语教材要与学生生活贴近,以更好地提高学生的思想素质与人文素质。这就要求教师更新教学理念,注重教学中文化的导

第八章　跨文化交际语境下大学英语教师的发展

入,培养学生的跨文化意识与跨文化交际能力,而最重要的就是先培养和提高自身的文化意识。受应试教育的影响,我国培养的英语教师大多数都缺乏对英语语言文化的观察能力和敏感度。这就导致在现代信息化的社会,尽管能接触更多的语言文化信息,但仍无法主动灵活地理解、把握并进行运用。另外,由于一直以来教师都将更多的精力放在职称考评上,基本没有额外的时间和精力主动地提升自己的文化素质,更不会主动研究和学习英语语言的变化和人文特点,因此严重缺乏提升自身文化素质的主动性。

(三)提高文化素养的现实性与持久性不应忽视

忽视素养提高的现实性与持久性也是当前英语教师普遍存在的问题。一些教师会将很多精力放在研究语言结构和语法上,忽视了自身素质提升的现实性与持久性。英语教师对英、美等国的历史、地理、生活方式、生活习惯等文化背景知识的掌握不全面、不扎实、不系统,将严重影响其教育活动的开展。只有全体教师的文化素质提升了,才能真正提升文化品位,才能使学生的素质教育尤其是文化素质教育更为持久和有效。

三、跨文化语境下大学英语教师应具备的素质

(一)教学素质

1.教师应具有精湛的专业水准和知识储备

跨文化语境下的大学英语教师需要具备精湛的专业水准和知识储备,即扎实的语言基本功。语言基本功是指教师能够驾驭和把握英语语言知识和语言技能,能够得心应手地运用英语这门语言进行授课,这是对大学英语教师最基本的素质要求。

就当前而言,教师最重要的业务素质就是较强的口语表达能力及较强的写作能力。因为在新时期大学英语教师与学生主要是通过文字与声音来交流的,如果教师表达清晰,那么就可能与学生进行很好的沟通。可以说,语言丰富多彩、文字表达准确流畅是教师的必备素质。同时,教师应引导学生培养自己的批判性思维,掌握不同文化的差异性,有选择地吸收他国文化,激发学生使用英语的兴趣,进而使学生可以从中感悟人生。

除了具备基本的知识储备,跨文化语境下的大学英语教师还应拥有运用现有知识和技能来学习其他信息、其他知识的能力。因为如今课堂上对很多问题的讨论都具有开放性,既不能预测,也不能设定结果。也就是说,

教师和学生站在同一起点上,如果教师没有足够多的知识储备,那么将很难引领学生进入下一阶段的学习,也无法在学生面前展示出教师的形象。

2.教师应具备丰富的教学方法

与之前相比,如今的大学英语教师的角色发生了巨大改变,教师主要扮演的是教学的设计者、学生学习的协作者。教师与学生之间是互助合作的伙伴关系,学生是任务的操控者和实践者,所以教师的教学方法就会有所改变。如今,教师不应仅使用单一的口述教学法,而应该借助多种教学方法对教学内容进行展示。例如,教师在开展网络多媒体辅助下的英语教学时,可以将课堂、个别、自学等形式结合起来,随时了解学生的学习情况,学生也能够选择适合自己的学习方法和内容。此外,教师可以优化传统的教学法,如暗示教学法、合作教学法、案例教学法、启发教学法等,加强这些教学方法的合理利用,弥补之前这些教学法的不足,从而提升学生的兴趣和积极性,提高整个英语教学的效果。

3.教师应该具有新颖的教育理念

通过对新时期的英语教学进行研究可知,外语习得是学生在一定的社会文化背景下,通过他人的帮助利用其他学习资料,以意义建构的形式来获取外语语言能力。这一新颖教育理念要求教师以学生为中心,教师的责任是指导学生,参与与学生的互动。事实上,教师和学生都是主体,教师主要起教的作用,而学生起学的作用,因此互动主体课堂理念不仅没有将教师的意义抛之于外,反而更注重教师的监督和管理作用。也就是说,教师发挥的作用更重要。在课堂开始之前,教师需要搜集相关课堂教学资料,设计与课堂主题相关的题目,提前布置给学生任务,让学生积极地参与其中。

基于此理念,教师作为教的主体,应该充分发挥其指导作用,在课前对相关教学资料展开搜索,设计相关的语言活动主题,为学生布置课堂上的活动任务,激发学生参与的积极性与主动性,并且要求学生在课下通过网络搜集资料,进行交流讨论等。就课堂上的交流活动而言,可以播放视频,也可以制作PPT课件;可以先个人陈述观点,后进行讨论点评,也可以先讨论,后展示;可以是个人展示,也可以是小组活动。生生互动与师生互动的课堂延伸活动与教师的监测均可以在课堂教学中进行,使学习活动任务在教学中构成一个统一的整体。

4.教师要具有一定的创造性思维

创造性思维是思维领域中最高的形式,它属于有价值的思维形式。所

第八章　跨文化交际语境下大学英语教师的发展

谓创造性思维,是指运用新方式、新技术来解决问题、处理问题。创造性思维具有四个基本特征。

(1)多向性,包含发散性思维与聚合性思维。

(2)独特性,能够打破常规,从独特的角度发现和解决问题。

(3)发展性,对事物的发展应该具有预见性,从而推测事物发展的趋势。

(4)综合性,通过综合和分析归纳,抓住事物的主要矛盾和矛盾的主要方面。

在新的社会环境下,大学英语教师应利用各种教学资源开展教育创新和科研工作。独特性思维需要教师对中英文信息资源有足够的掌握,以便设计出有个性的教学模式和方法。多向性思维要求教师具备对教学资源进行归纳的能力,从而优化自己的教学效果。综合性思维要求教师具有将英语学科与科学技术整合的能力,将科学技术最大化地运用到英语教学中。发展性思维要求教师的眼光具有前瞻性,跟随技术发展预测教学的发展前景。

(二)职业素质

职业道德是作为一名教师基本的行为操守与道德品行,是教师在教学过程中调控与国家、与社会、与学生之间关系应该遵循的道德意识、道德规范、道德情操的综合。不管教学模式、教学形式如何变化,对教师的职业道德要求都是不变的。在当前的英语教学中,教师与学生之间的交流经常会涉及各种疑问和讲解,所以教师需要具备过硬的品德修养,强烈的耐心和责任心,对学生的成长加倍关注,帮助学生答疑解惑。

教师崇高的职业道德要求他们对待学生要循循善诱、宽厚待人,善于关注学生及他们的身心健康。教师应该先了解清楚学生的心理特征,帮助他们形成正确的价值观与人生观,构筑积极、健康的心态和体态。在当今时代,学生会受到虚拟环境的影响,其接受的海量信息也是复杂的,他们的心灵也会随之受到冲击和考验。同时,学生具有个性化、多样化的特点,所以他们更加注重个体对事物的体验,对平等、个性等有着极大的认同感,这种敏感的认同必然会引发学生产生很多问题。

因此,英语教师应帮助学生培养自己的品德,经常与学生沟通,了解学生的心理动向;还可以为学生推荐一些必读物,为更好地参与校园活动,树立正确的人生目标,和与其他同学的友好相处做好准备。当今时代,教师可以通过互联网技术为学生提供有价值的电子书与视频文件,引导他们形成积极向上的心态。比如,教师可以建立QQ群、讨论组、微信群等,供大家交流,了解学生在学习过程中遇到的问题。

(三)科研素质

理论源于实践,英语教学的理论也源于具体的科研实践。反过来,科研实践也是检验科研理论的基础。教学需要将理论与实践相结合,教学实践也需要科研理论的指导,而新的科研理论方法产生于教学实践,二者相互促进、相互补充、共同发展。

从当前来看,英语教师应具备非凡的科研能力,首先教师应具备基本的研究方法,如教学实验法、问卷调查法、访谈法、文献法、个案研究法等。在教学实践中,教师应从自身的需要出发,选择与自己相符合的研究方法。另外,英语教师需要具备信息加工、网络搜索、信息反馈等科研能力。

(四)信息素质

1974年,美国信息产业协会主席保罗·泽考斯基提出了一个重要概念——"信息素质"。他认为,如果一个人的信息素质很高,那么他就可以获得完整与精确的信息,这些信息是做出合理决策的基本;他可以确定信息的需求,形成基于这些需求的问题;他还能确定哪些信息源是潜在的,从而根据这些信息源制订成功的检索方式;他还有着获取、组织、使用和评价信息的能力。因此,英语教师应该形成信息化教学的习惯,使自己的知识向着多样化的方向发展。

近年来,英语教师提高教学质量的关键就是对现代技术的掌握和具备较高的信息素质。具体而言,英语教师需要做到如下四点。

(1)具备了解最新动态、及时捕捉前沿信息的能力。

(2)具备较强的信息运用和创造的能力,这是英语教师与其他职业在信息素质上有明显区别的特征。

(3)具备较强的信息获取、信息存储、信息加工、信息筛选、信息更新、信息创造的能力,这是教师具备较强的信息素质的核心。由于各类信息的复杂性与变化性,英语教师需要对相关有价值的信息进行辨别,并且能够对这些信息进行加工和利用。

(4)具备良好的信息意识,能够从复杂的信息结构中捕捉到有效的信息,把握英语这门学科的动向。同时,教师还能够抓住学生的信息,对他们的心态与体态有一个基本的把握,从而为保证学生的健康发展奠定基础。

第三节　跨文化交际语境下大学英语教师专业发展的途径

一、为教师提供扩大对外交流的机会

在当今社会,英语教师与外部学者之间的交流和合作是一个重要的趋势。教育相关部门应尽可能为教师提供更多对外交流的机会,如与外国院校合作进行交换生的学习教育,或聘请英美外籍教师和专家对中国的英语教师进行培训。当然,如果条件允许,还可以组织一些由在校英语教师与外籍专家参与的座谈会,为中国的英语教师提供更多的学习和用英语交流的机会。此外,也可以选派一些优秀的英语教师出国参加一些培训,让他们真正身临其境,增加自身的阅历,并亲身体会和感受英语国家的文化。

二、借助多媒体技术,获取文化背景知识

英语教师要提高自身的思想素质,树立牢固的敬业精神与奉献精神,就要不断增强自身的文化素养,扩大知识的广度与深度。在提高自身专业素质的过程中,在考虑自身已具备一定的外国语言文学与历史知识的基础上,在听力教学方面选取多种听力材料,通过不同形式增进自身对听力材料和文化背景知识的深刻理解。英语教师在利用英汉媒介扩大视野的同时,要加强自身的文化视野,在学习中可以选用现代化的教学设备。这种教学方式可以更加生动具体、真实直观地向教师呈现英语国家的文化背景。对英、美等国的文化背景、生活习惯、价值观念等了解的过程,可以增强对文化的认识,从而提升自身的文化素质。

三、提高教师的专业引领能力

随着英语教学改革如火如荼的进行,很多先进的教育理念只有通过教育研究者与骨干教师等高层次人员的协作与带领,才可能促使教师专业和素质的发展。一般来说,具有专业引领作用的主要是教育研究的专家、行家、专业研究者以及资深教师等。通过向这些人的学习,英语教师能接触到英语教学领域中诸多先进的经验、技术和思想,从而提升自身的专业化素质。

(一)专业引领的基本要求

1. 发挥专家、英语教师双方的积极性和能动性

引领人员不同,其侧重点也不同。科研专家注重教育的理论,所以其引领的是科研理论与实践的紧密结合。英语骨干教师注重教学实践,所以其引领的是教育教学活动的具备实践操作。但是不论是科研专家还是骨干教师,均应具有较高的专业引领能力,既能在理论上给予专门的指导,又能在具体的教学活动中给予帮助,且可以给予适当的指导,以行之有效的方式帮助教师开展具体的教学活动。对被引领的教师而言,他们应积极主动地配合科研专家、骨干教师的工作,对他们给予的意见与建议要认真听取,进而对自己的教学活动进行总结与分析,反思自己之前的教学活动,从而不断提升综合素质。

2. 目标明确,内容正确,方法恰当

英语教师专业发展的总体目标是使其可以掌握新知识、新信息,且可以运用这些新知识、新信息提高专业素质。但是,因为英语教师存在个体上的差异,所以其在水平上与专业发展方向上有很大不同。因此,在进行专业引领时,应该从不同教师的实际情况出发,制订科学合理的目标,选择具有很强针对性的内容和方法来引领,从而实现引领的有效性和合理性。

(二)专业引领的主要形式

1. 阐释教育教学理念

在某种程度上说,大学英语教育的教学行为会受教学理念的影响和制约。在专业引领过程中,可以引导教师对先进的教育思想加以掌握,如采用学术报告、知识讲座等形式。

2. 共同拟定教育教学方案

英语教师掌握了先进的教育理念后,就应有意识地培养自身的认知与教育理念。在此基础上,专业引领人员应与英语教师进行研讨,与教师共同探讨先进的英语教育方案。在此过程中,专业引领人员不仅应起到引领的效果,而且要对教师的教学设计进行恰当指导,从而使教师的教学设计更具有合理性,使教学活动更具独特性。英语教师在专业引领人员的指导下,顺利地制订出与大学英语教育理念相符的教学方案,并且能在具体的教学活

第八章　跨文化交际语境下大学英语教师的发展

动中加以实施。

　　3.指导教育教学实践

　　当教学方案制订好以后,就应对其加以实施,即将具体的教学方案应用到实际的教学活动中,从而验证教学设计与方法。在验证过程中,专业引领人员应参与到教师的教学活动中,对教师的教学行为进行关注和记录,根据记录对教学方案和具体的实施加以对比,从而找出二者之间的差距。当教师的课堂教学结束之后,英语教师与专业引领人员一起进行分析和探讨,对教学方案进行进一步的修订,从而使教学行为与教学设计都能够得到更好的改进。

四、注重教学实践

　　在提升英语教师专业能力的过程中,实践是不可或缺的环节。教师实践就是将教师的教学能力提升与平时的授课联系起来。英语教师的教学能力主要在日常课堂中体现出来,而教师教学能力提升的动力也在于日常教学实践中。

　　只有通过日常的实践,教师和学生才能得到共同发展。在教学实践的实施中,要注意如下几点。

　　(1)在英语课堂上,教师一般会对课堂起着直接的影响作用,这不是外在因素能够减弱的,他们决定着学生学业表现的提高。

　　(2)在英语课堂上,学生是学习者的角色,而教师也是学习者的角色,所以应对二者的共同提高予以关注。

　　(3)通过课堂教育与发展这一理念,教师应该将课堂场景与社会紧密联系起来,实现英语教育、社会、个人的相结合。

(一)提高跨文化意识

　　在跨文化交际英语教学中,需要对学生的跨文化意识进行培养和提高。因此,教师在学生跨文化交际能力的培养中有着非常重大的影响。

　　1.跨文化意识培养的意义

　　跨文化意识是指在跨文化交际中自觉或不自觉形成的一种调节方法和认知标准。可见,跨文化意识主要是指对文化差异的意识。

　　跨文化交际涉及"信息源—编码—信息传递—解码—反馈"等多个环节,是一种双向信息交换的动态过程。在这一过程中,教师在信息传递中起着桥梁作用(胡文仲,1988)。

可见,培养跨文化意识影响着教师的教学效果。否则一旦碰到有文化内涵的词语时就可能犯错误,造成交际语言不得体或交际失误。

此外,教师还应积极扩充教学中语言表达失误的内容,从而让学生了解语言失误现象,认识到跨文化交际意识对交际的影响,最终提升学生的跨文化交际能力。

2.跨文化意识培养在教学中的体现

(1)母语文化与文化教学的关系

教师在教学过程中应该让学生了解并掌握具体的英美文化,并提升学生的英语文化思维。同时,教师需要科学衡量母语文化和文化教学之间的关系,不能让学生盲目崇拜与模仿他国文化,从而抛弃本国文化。文化并没有高低之分,中西方文化是带有差异性的文化。教师需要注意以下几个方面的问题,从而提升教学的有效性。

在教授西方文化的过程中,教师应引导学生加强本族文化的学习。

在教授西方文化的过程中,教师也可以适当增加中国文化的语言材料,从而让西方文化和汉语文化进行融合。

教师应该提升语言材料的筛选质量,提升教学材料中文化的多样性与多元性。

(2)语言教学与文化教学的关系

在进行文化教学时,不可盲目地引入文化知识,要具有针对性和系统性,同时要遵循实践性和交际性的原则,不然就达不到文化教学促进语言教学的目的。

英语教学必须在基础语言教学中融入文化教学,即在开展语言知识教学与语言技能教学的同时引入文化因素的教学。

上述跨文化意识培养在教学中的体现能够提高学生的专业素质,对于提升整体英语教学效果,增加教学的实用性和应用性也大有裨益。

(二)更新教学理念

1.调整教学目标

当今社会需要让学习者更加深刻地认识本族文化,同时要提升人才的国际竞争力,提升人才的国际视野。

从这个角度出发,英语教学目标应注重培养学生的跨文化意识与能力,具体涉及以下四个方面。

第八章　跨文化交际语境下大学英语教师的发展

(1)能力目标。能力目标是指听、说、读、写的能力以及运用英语进行交际的能力。

(2)知识目标。知识目标主要包括语音、词汇、语法等方面的知识。

(3)情感目标。情感目标是指培养学生尊重英语文化,并引导学生感受中国文化的独特性。

(4)文化目标。文化目标是指提高学生的跨文化意识,更好地理解中西方文化的差异。

2.转变教学主体

传统英语教学中的教师是课堂的主宰,学生在学习过程中不能自主进行思考与分析。这种教学方式挫伤了学生的学习积极性,同时使学生所掌握的英语知识并不牢固。长此以往,学生的语言应用能力便得不到提升。因此,教师要真正以学生为主体安排教学活动,让学生居于文化教学和英语教学的中心地位。教师也要认识到自身角色的转变,更好地为学生的英语学习服务,做好教学的指导者。在这种转变下,学生会认识到自身的重要性,从而转变学习态度,以更加积极的姿态进行英语学习。

(三)平衡教学关系

英语教学的过程包括教与学两个方面,教师应该平衡二者的关系,使二者相互促进、相互配合。

1.能动关系

所谓能动关系,是指为了取得最优的教学效果,使教学关系默契配合,应充分调动学生学习文化知识的主动性和教师教学的积极性。

2.教练关系

英语课程具有较强的实践性、知识性与应用性,这就要求教师采取各种方式方法使学生在听、说、读、写等方面进行大量训练。因此,教师首先需要对教材进行了解和研究,并以此为基础组织和设计教学内容。

从教学实践角度来看,学生学习的课堂时间是有限的。此外,英美文化具有复杂与广泛的特征,因此安排学生借助课外时间进行自学就显得十分必要。为增加学生的知识,教师可以利用课外时间组织学生开展多种形式的活动。例如,教师可以鼓励学生上网浏览查询有关英美文化知识,在课外有目的地阅读一些英文报纸、杂志。

作为文化一部分的不同语言之间具有一定的共性,正因为如此,不同的文化信息得以进行等值传递。所以,教师也应使文化教学服务于语言教学。值得注意的是,文化共性并不能代表没有异性,教师要向学生讲解英汉文化之间的差异,并逐步培养学生对英汉文化差异的意识。

五、开展校企合作

要开展校企合作,应该先了解什么是"校"与"企"。"校"是指学校,而"企"则是指企业或"行业界""工业界",所以校企合作就是学校与企业的合作。在教育领域中,校企合作就是对教育活动、改革发展情况等规律的整合和揭示。著名学者杜威(Dewey)认为,学校就是社会,而教育就是生活经历,学校是社会生活的一个重要形式。由杜威的观点可知,校企合作模式是学校与企业为了实现各自的目的,而建立的一种合作共同体。其构建的目的是实现产品研究、技术开发、教育培训、学生培训、社会服务等。在英语教师的发展层面,校企合作模式有两个基本观念。

(1)对英语教师能力的提升应从系统的观念和全局出发,从而实现整体化的改革,这不是在学校内部就可以解决的。

(2)要确保英语教学能力真正得到提升,应先有一个开放、自然的生态环境。

在实际教学中,校企合作要求学校和企业构建符合要求的高素质的专业教师队伍。具体来说,需要从以下两点着手。

(1)英语教师应深入企业,亲自进行体验与实践。在企业中,英语教师可以深层次感受企业文化,从而树立企业观、市场观,并明确自己的教学目标,提升自己的教学技能。

(2)企业的高级员工去学校讲学,使教师队伍进一步强化,解决当前学校师资力量短缺的问题,最终实现师资共建。

六、组织同伴观摩

同伴观摩就是同行业的同事之间互相进行课堂倾听。在开展这类活动时,听课的教师应该保持坦率、真诚的态度,加倍关注任课教师的教学行为,而不是仅对任课教师进行监督和评价,从而既推动任课教师的发展,也对自己的课堂教学有着一定的借鉴。当进行同伴观摩时,任课教师与其他观摩教师就该课堂的教学环节、教学问题展开分析和商讨,而后决定采用何种观摩形式,观摩结束之后,教师之间要对观摩的结果进行总结。通常,同伴观摩的方式对英语教师专业能力的发展有着重要作用。

第八章　跨文化交际语境下大学英语教师的发展

（1）同伴观摩对被观摩者与观摩者都具有重要意义。同伴观摩需要任课教师与观摩教师共同参与、共同合作。对于观摩者来说，他们观摩的是同伴的教学策略、教学实践、教学效果等方面，从而找出其教学的优缺点，并将好的层面运用到自己的教学实践中。对于被观摩者来说，他们可以通过观摩者给予的建议，对自己的教学活动加以总结，进而不断改进教学过程，获得更好的教学效果。

（2）同伴观摩可以避免评估观摩模式与监督观摩模式带来的不利影响。一般情况下，监督观摩模式带有浓重的监督和评估的色彩，且对于任课教师的评估往往存在较大的主观性与规定性，这极大地影响着任课教师的心情和教学展示效果。相比之下，同伴观摩就不会出现这一情况，因为他们的地位身份比较接近，所以进行观摩是非常容易和合理的，从而能够促进英语教师的教学发展。

总而言之，同伴观摩的方式为英语教师专业能力的提升提供了一个平台，推动着英语教师向着更高层次的水平迈进。

七、实施学校督导

提高大学英语教师专业素质的关键除了教师个人的意识外，还与其工作的场所——学校密切相关。学校是教师专业发展的直接外部因素，学校的管理影响着教师的专业素质与能力拓展。学校督导的措施有很多，如用人制度、教师评价制度、教师培训等。学校通过这些管理措施，合理分配教学资源，激发教师专业发展的动机，提高教师专业发展的素质和能力，为教师的专业发展提供良好的外部环境。

（一）用人制度

1. 制订改革策略

第一，要具有全面性和系统性。高校在改革教师人事制度时，既要参考过去改革的经验和教训，又要着眼于高等教育未来的发展趋势，考虑经济社会文化环境的影响。高校教师人事制度改革应当注重全面性和系统性，从多方面同时推进。

第二，要具有多元化和整体性。改革有破有立，不想在各种利益诉求中被协调、被冲淡，必须系统性地思考，结构化地设计。高校人事制度改革要以师资队伍建设为重点，根据教师发展的个性特点，为每位教师提供合理、清晰的发展路径，在以人为本的指导思想下，做到人尽其才。薪酬制度是人事制度改革的重要落脚点,高校应做好多元化、整体性的薪酬体系设计。

第三,要注重差异性和个性化。大学的人事制度改革需要在基本规范的前提下尊重差异。差异化管理要求差异化的考核评价和奖励标准。术业有专攻,对不同学科的教师采用不同的评价体系,保持师德师风、教学质量、学术潜力等评价要素的总体一致。高校对于不同类别和层次的人才签订个性化合同,采取发展性评价,建立不同的分流路径,实施退出保障制度。

2. 扼住改革要害

(1)高校要以开放的心态加大优秀师资和杰出人才的引进,尽快建设一支多元化、国际化、高水平的师资队伍。

(2)高校要在目前"出国进修""访问交流"的基础上,增加师资培育方式,进一步完善师资培育开发机制。

(3)高校要建立严格规范的晋升机制。

(4)高校要形成一个既具有高度灵活性,又有一定国际竞争力的薪酬水准的教师薪酬体系。

(5)高校要调整和建立相对合理的师资队伍结构。

3. 做到"三位一体"

第一,修改上位法。我国传统的高校人事管理体制配套制度不健全,相关法律法规缺失。因此,应加强教师退出机制的立法建设,从国家层面尽早出台高校教师管理的相关法律规定,使教师退出有法可依。

第二,完善社会保障体系。教师退出后的保障机制也是当前改革的难点。只有建立完善的社会保障体系,高校教师的保障体制与社会、市场顺利对接,为教师退出提供医疗、养老等基本生活保障,才能使高校教师的退出、流动渠道更加畅通。

(二)教师聘用制度

1. 保证科学合理的岗位设置

岗位设置是实行高校教师聘任制的基础,岗位设置合理与否将直接关系到学校各类资源的合理配置,影响教师发挥其工作潜能和工作积极性,影响该学科的发展乃至整个学校的发展。高校在岗位设置时不能"因人设岗",而要"按需设岗,强调岗位,淡化身份",坚持因事设岗的原则。

高校的岗位设置必须根据学校的定位与特点,在科学合理、结构优化、精干高效原则的指导下,为教师自身的成长和整个教师队伍的发展提供支

第八章　跨文化交际语境下大学英语教师的发展

持和保障,结合社会对人才的需求,科学合理设置不同层次的岗位。在学科平衡发展的问题上,应结合学校长远发展规划,有针对性地挖掘学校优势学科和新兴学科;重点扶持需要大力加强的学科,满足其岗位设置和人员配备需要;引进优秀人才。

另外,还要考虑学校的师生比。目前,有些高校片面追求办学规模,违背了以学生为本的办学指导思想,一味地进行扩招,师生比严重偏离了人才培养的需要,导致人才培养质量的下滑。因此,在教师聘任制的岗位设置中,必须处理好教师队伍数量和质量的关系,在扩大教师队伍规模,降低师生比的同时,重视提高教师队伍质量。

2. 形成公开公平的招聘体系

第一,实行公开招聘。高校在招聘教师时,必须要做到公开招聘,要保证信息公开化、程序公开化。学校应在互联网、报纸或其他相关媒体上公开发布招聘信息,面向全社会,公开聘任条件、招聘委员会成员等,以使符合规定条件及有意愿者都能获得公平竞争的机会。

第二,明确任职资格。高校在招聘教师时,为确保高质量的教师队伍,必须明确教师的任职资格,确定教师任职所需具备的各项条件。不同类型的高校应该结合本校的实际对任职资格各有侧重,各学科也应该结合学科和专业特色设定不同的任职标准。

第三,明确遴选权。当前不少高校的遴选过程都体现出随意性,仅仅依靠行政权力或是以行政权力为主完成教师的遴选。这与学术自由的价值取向是不符的,高校应在教师的遴选过程中给予学术组织充分的发言权。学术组织可以从学科和专业发展的角度去选聘,这样有利于遴选出高校发展所需要的人才,因此高校应该明确对新任教师的遴选权,避免遴选过程中的随意性。

第四,改善"近亲繁殖"现象。高校应取消留任本校毕业生的做法,逐步改善教师的学缘结构。师资上的"近亲繁殖"必然会导致学术上的"近亲繁殖"。高校降低留校生人数直至逐步取消时,高校的岗位会更加开放,这有利于招聘的公平性,有利于人才的公平竞争。

高校可以采取毕业生互换的政策,通过交流优秀毕业生吸取所需人才。对于某些特殊专业,可供选择的优秀人才并不多,也可以参照美国的做法,将本校优秀毕业生派往其他学校或机构工作一段时间,然后回校从事教学、科研活动,这样不仅可以吸引优秀人才,而且可以有力地弥补"近亲繁殖"的不足。

3. 建立科学规范的考核制度

考核是聘任、各项福利分配以及是否续聘的主要依据，是对每个教师的岗位职责完成状态的鉴定，是全面推行聘任制度的重要条件。因此，考核制度是否科学规范，关系到教师聘任制能否得以有效地实施。

第一，建立科学的考核指标。准确的考核和评价是现代科学管理的基础。高校要进一步建立和完善符合高校用人特点的科学的考核方法和评价体系。考核指标设计要公正、客观、准确、民主，使指标具有高度的科学性和可操作性。

第二，重点考核与全面考核相结合。在教师考核中，既要抓住考核重点，又要保证对教师进行全方位、多层次的考核。做到既要考核专业能力，又要考核师德学风；既要考核科研，又要考核教学；既要考核学术工作，又要考核社会工作；既要严格要求，又要体现人文关怀。

第三，定性考核与定量考核相结合。定性考核简便易行，但准确性较差，仅有定性考核而无定量考核易导致形式主义或主观武断。定量考核准确性强，但量化指标复杂，且往往容易引导考核的参与者只注重结果而忽视过程。因此，考核宜由测量统计开始，通过测量获得一系列数据，并对这些数据做出统计，在此基础上结合定性评价的质量分析对教师的业绩做出评价。

第四，实行分类考核。在考核过程中，应重视高校教师岗位的共同特点，也要关注学科的差异、工作性质和任务的不同以及教师的个体差别。因此，需要注重考核的差异性和针对性，对不同的考核对象，考核应各有侧重，真正做到分类考核。

首先，在考核时，务必处理好各类学科，针对不同学科类别的特点和工作规律，采用与之相适应的考核评价体系。其次，应该按照教师工作的特点，将教学、科研岗位与管理岗位严格划分，根据不同的岗位特点、工作的性质和任务，进行分类考核。学科内部不同岗位的教师应设置不同的标准。最后，高校教师由于成长环境、教育背景、个人性格等的不同，个体间也存在很多差异，如有些教师倾向于教学，有些教师擅长研究，因此学校或学院应结合教师的特点，灵活地安排工作岗位，并科学地进行分类考核。

4. 推进健全有效的退出机制

目前，我国高校聘任制仍存在流于形式的现象，合格的被聘用，不合格的也被继续聘用，结果并没有真正提高教师队伍的整体水平。完善高校教师聘任制的关键问题是坚决地实行教师退出机制，确保教师"能进能出"，将

第八章　跨文化交际语境下大学英语教师的发展

不合格教师淘汰出局。尽管被淘汰的是少数,但可以使大多数教师感到竞争的压力。

聘任制的核心就是定期聘任与终身任用相结合,即教师的"出"与"留"的问题。而要做到定期聘任与终身任用的结合,就必须有健全的淘汰和退出机制,这正是我国高校教师聘任制度比较欠缺的部分。由于受传统观念和做法的影响,我国高校几乎所有正式教师都享有实际意义上的终身制。我国高校可以学习国外高校模式,在对部分高级职务者实施终身聘任的同时,对多数教师实行定期聘任,即做到定期聘任与终身任用相结合。

(三)校本培训制度

对于在职英语教师队伍整体素质水平的发展可通过教师专业化的培训来实现。

1. 培训内容

(1)教师在培训中要系统了解语言教学的基础理论知识和国内外英语教学的发展趋势,把握英语这门学科最新的教学理论和动态发展。

(2)教师通过培训要能够将新的教育观念和思想内容融入英语课程的设计、教材的分析以及课堂教学模式的运用过程中。

(3)教师通过培训要熟练运用和掌握现代教育技术,如独立制作多媒体课件,在计算机和网络的应用中做到技术娴熟。

(4)通过培训,教师要掌握系统的英语测试及评估理论,能够运用科学的评价方式来评价自己与同事的教学,以及学习者在学习过程中的具体表现。

(5)培训教师一定的科研能力,从而令教师可以在总结中反思自己的教学得失。

总之,教师的专业培训需要在终身教育思想的指导下做到贯穿整个职业生涯的始终。

2. 培训措施

英语教师专业培训的顺利进行离不开教育相关部门的大力支持和帮助。

(1)学校管理者要更新观念,将学习者培养与教师培训放在同等重要的位置,在生活上多多关怀教师,减轻教师的低效劳动负担,让教师有充分的时间、精力来提高自己的教学水平和研究能力。

(2)学校管理部门要为教师提供一种宽松的民主环境,让教师可以自由地发挥和施展自己的个性和才华。

（3）完善培训的管理措施，有效解决教师学习和正常工作中的矛盾，大力鼓励教师积极参加在职教育的培训。

（4）为教师制订新的考评内容和标准。对于教师教学水平和技术能力的考评，一定要避免盲目追求形式和恶性竞争的不良循环，如此才能实现促进教师专业成长的目的。考评的作用之一就是引导教师学会自我总结和反思，以便改善自己的教学方式。因此，考评制度和标准的制订一定要从教师专业成长的角度出发，最好能为教师建立成长档案，帮助教师全面了解自己，进而准确把握自己的成长阶段和发展方向。

需要提及的一点是，很多在职教师对于继续教育都持有一种"无所谓"的态度，他们认为培训的内容大多"学非所需"，并不能让自己提高教学技术水平，故不想浪费时间和精力在专业培训上。

其实，教师可以选择一些"订单式"培训，这种培训的宗旨就是让教师有自己选择学习内容的自由，也就是说教师是专业培训的主人，教师在培训中的内容可真正实现"学有所用"。订单式培训以教师的个性特点为依据，强调理论与实践相结合，以形成教师个性化的教学风格为最终目标，并且这种培训还有后续、长期的指导和实践。

在对教师进行专业培训时还需要关注一个客观情况，即教师作为个体具有鲜明的个体差异性。现代英语教学要求教师要形成自己的个性化教学，具有特色意识，避免使用单一模式、公式化的教学方法，这要求我们在对教师进行专业培训时区别对待。

也就是说，教师专业培训需要针对不同年龄、水平、特长的教师制订不同的培训项目、标准和进度。现代教师发展的核心不是对教师优劣情况的筛选，而是在承认个体差异性的基础上帮助教师全面认识自己，扬长避短，最大程度地发挥自身的优势，从而在实现自己人生价值方面达到最优化。

3. 培训目标

校本专业培训的具体目标涉及以下几个层面。

（1）强化教师个体的自主意识。作为学习者的榜样和生活中的引领者，教师本人也需要在具体的工作和生活中做到持续改进并刷新自己，有意识地强化其个体的自主意识，不断更新自身的知识结构，把握专业发展的前沿动态，接触最新的专业理论知识，并将所学适时运用到具体的教学中，为课堂教学注入活力和新鲜的元素。教师应强化并提升其个人素养。事实上，教师个体自主意识的提升并非一朝一夕的事情，是一个具体的过程，要求个体有很强的自制能力，并对个人的未来发展前景有明确、清晰的规划，在此

第八章 跨文化交际语境下大学英语教师的发展

之后才能一步步按照规划执行。当然,这要求教师克服心理的依赖性和懒惰性,能真正地给学习者起到示范性的作用。

(2)合理利用外部资源。英语教师要想实现更好的发展,还应合理地利用外部资源,并借助于外部资源来提升自身的能力和素质。首先,教师可以利用网络公开课和现代化的网络资源等来提升自身的专业知识。其次,教师可以参加同行间的学术交流活动,以此来提升专业素养。这些都是教师在传授知识的过程中不断补充自身的专业知识,更新自己的教育教学理论,达到"教学相长"这一目的的过程。

八、教师文化能力培训

(一)培训的目的与内容

要想成为一名合格的英语教师,必须具备较强的知识与能力以及良好的态度,而要达到这些标准,就应参与一些文化教学培训。分类标准不同,培训的类型与内容也就有所不同,如可以分为岗前培训与在岗培训,可以分为教学方法培训与教材运用方法培训,还可以分为长期培训与短期培训等。对教师开展培训,应该具有系统性,并定期进行,不可能仅通过一次或几次培训就可以了。

因此,要将文化教学作为考量因素,为教师提供一个文化教学培训的框架,且能够用于各种不同的教师培训系统中,为教师的文化教学培训提供一定程度的参考。

总体来说,教师的文化教学培训主要有如下两种。

1. 文化能力培训

个人文化能力包含三个层面:文化知识、文化意识、文化行为。因此,其目的可以总结为如下几点。

(1)帮助教师补充文化知识

通过对教师进行文化教学培训,让教师真正地掌握如下能力。

其一,对语言、文化、交际三者的关系有所理解和把握。

其二,对本土文化与目的语文化的差异性有清楚的认知。

其三,对文化、跨文化意识、跨文化交际、跨文化能力等相关概念有清楚的理解和把握。

其四,对英语在国际上的地位和作用有清楚的认识。

(2)帮助教师提高文化意识和跨文化敏感性

通过对教师进行文化教学培训,让教师真正掌握如下几方面的能力。

其一,让教师认识到文化在个人、社会所起着的重要作用,尤其认识到文化对跨文化交际的作用。

其二,让教师愿意对不同文化进行了解,并愿意同不同文化背景下的人们展开交流。

其三,培养教师对文化差异的捕捉、欣赏和理解能力。

其四,让教师能够对自己的言行、跨文化交际经历等进行反思。

其五,让教师对自己的跨文化敏感性发展情况进行分析与汇总。

其六,让教师能够发挥出文化教学的功能,并有意识、有计划地开展跨文化英语教学。

(3)帮助教师调整自己的文化行为,提高跨文化交际能力

通过对教师进行文化教学培训,让教师真正掌握如下几方面的能力。

其一,根据不同文化,对自己的交际方式进行调整,并采用多种策略、多种手段来进行交际。

其二,让教师能够与不同文化背景的人建立友好平等关系。

其三,让教师勇于参与文化研究与学习,对新的文化群体展开分析和了解。

2. 文化教学培训

对教师开展文化教学培训,其主要目标如下所述。

(1)对文化教学的目标予以确定。

(2)对文化教学大纲进行设计。

(3)对文化教学方法进行选择,并有效使用。

(4)合理分析和利用教材,并结合教材添加一些辅助材料。

(5)布置文化学习的任务。

(6)对文化学习的评价方法进行确定。

在跨文化外语教学中,文化教学与外语教学紧密结合,所以在对英语教师进行文化教学培训时,应将二者结合起来。如果用独立的方式来处理,那么就与跨文化外语教学的宗旨相违背。

(二)培训的方法

1. 文化意识和文化教学意识的培训方法

文化、文化差异以及外语教学的文化教学潜力是客观存在的,最主要的

第八章 跨文化交际语境下大学英语教师的发展

是让教师意识到它们的存在,即要提高教师的文化敏感性和文化教学的意识。基于此,教师的文化知识积累和文化能力以及文化教学能力才会突飞猛进。所以,文化教学培训的一个本质特点是"使隐含的东西明确化"。

教师在参与培训时,原本都有着丰富的文化体验,并且他们的文化参考框架经过长期、不断的建构和修改,已成为个人身份和个性的一个象征。在日常的工作和生活中,这些教师在与他人进行交流时,会自动地、无意识地使用其文化参考框架。为了使教师意识到文化参考框架的存在和作用,以及来自不同文化环境的人们通常使用不同的文化参考框架,最有效的方法是利用文化冲撞、关键事件和反思练习等跨文化培训的方法。

2. 文化知识的培训方法

文化人类学全面且系统地阐述了文化概念与知识的学习,不管是在文化理论研究、具体文化的描述上,还是在文化研究的方法上均形成了较为完善的体系,是外语教师获取相关文化知识的可靠来源。因此,它理应成为外语教师培训的一门必修课。外语教师学习文化人类学时,只需利用文化人类学的部分研究成果,以获取对文化相关概念更清楚的理解,对相关文化群体更全面、深入的了解,同时借鉴其中的一些文化研究和探索的方法。

应该由来自不同领域的专家,如外语教学研究者、文化学家、跨文化交际研究者、教师培训专家等,共同完成对文化人类学研究成果的筛选和选用工作,选择那些教师需要掌握的理论和信息,作为培训的内容。

另外,社会学和跨文化交际学的研究成果同样是教师培训应该关注的内容。这两门学科清晰地描述了语言、文化、社会和交际之间复杂的关系。

对于即将在师范院校毕业的准教师来说,最佳状况是在高年级开设专门的文化学、社会学和跨文化交际学课程。但对从非师范院校毕业、却选择成为外语教师的准教师而言,只能依靠教师培训工作者精心挑选和准备培训内容,以系列讲座的形式传授给自己,因为无法抽出很多时间专门讲述这些科目的内容。

3. 文化能力的培训方法

文化能力的培训不仅涉及教师的认知心理,还包括教师的行为、教师的情感等。相对而言,对教师进行文化能力的培训是相对复杂的,文化能力的培训主要包含如下两种。

(1)跨文化交际能力的培训方法

跨文化交际能力培训始于文化冲撞,目的是让教师通过情感、心理层面的冲撞,对文化冲突有清晰的了解以及感性层面的认识。培训者先向教师介绍跨文化交际的困难,然后帮助教师解决这些困难。具体来说,有如下四种方法。

其一,可以给教师提供跨文化交际实践的机会,如到外国人家做客、到外企见习等。

其二,可以通过观察跨文化交际的成败案例,来汲取经验,避免进入交际误区。

其三,可以通过讲座等活动,让教师不断了解跨文化的本质,弄清文化冲撞为何要产生,进而调整自身的心态。

其四,可以让所有教师分享自身的跨文化经历。

在整个培训过程中,培训者应该反复强调反思的重要性,受训者正是通过不断学习、不断体会、不断反思才能有效地增强自己的跨文化意识和跨文化交际能力。

(2)文化学习和探索能力的培训方法

文化学习和探索能力培养,是要帮助受训教师掌握一套文化学习的方法,使他们能够对遇到的新的文化现象和文化群体进行探索研究。

文化学习与探索能力首先是基于勇敢、敏感等情感状态的,如果对文化没有敏感性,忽视文化差异,那么将会造成文化学习上的障碍。

面对陌生的文化环境,很多人都会选择逃避和退缩,但是一些善于学习和探索的人就会勇敢地尝试和体验,积极参加各种有利于自己了解该文化群体的活动。与不同文化背景的人相处时,具备了宽容和移情这两种素质,就能有效地避免误解和冲突的发生,文化学习和探索才可能顺利完成。

九、实施教学反思

大教育家孔子说:"吾日三省吾身。"因此,教师也需要不断反思。通过反思,教师可以获得更丰富的经验,及时发现教学中的问题,让自身的素质逐步提升到新的高度。教师反思的方式有很多,具体分析如下。

(一)教学日志

在教学结束之后,教师可以将自己对所教的内容、方法等感受记录下来。教师记录教学日志的过程也是对自己教学思考的过程,同时教学日志可以作为教师日后进行教学反思的材料。

具体而言,教师教学日志的记录应就以下几个方面来展开。

(1)对教学过程中问题的质询和观察。

(2)对课堂过程中所发生事情的感受。

第八章　跨文化交际语境下大学英语教师的发展

(3)对教学活动的有意义方面所进行的描述。
(4)需要思考的问题以及解决问题的办法。

记录教学日志的间隔可以因人而异,如可以一天写一次,也可以一周写一次,也可以一个月写一次。需要注意的是,教师应坚持记录日志,只有这样才能根据日志来发现自己的教学规律以及组织教学的习惯与方法。

(二)录音录像

如今,现代科学技术在各个领域都得到了广泛运用,教育领域也是如此。教师可以充分发挥现代科技的优势,在技术人员的帮助下,通过录音与录像的方式来对自己的教学过程进行完整的记录。在教学过程的摄制过程中,教师可以指定课堂教学的某一方面让技术人员进行重点记录,如可以注重学生对教师问题的回答,可以注重教师的教学活动组织,可以注重小组活动时某一小组的表现等。

在课堂教学结束之后,教师可以反复播放课堂教学的录音与录像,从而对教学进行反思与反复研究,发现自己的问题与不足,发现自己组织课堂的精彩之处,发现学生在学习过程中的优点与不足等。与此同时,教师可以将其中的一个片段截取下来进行详细分析,分析的内容包括教师语言的特点、教师的肢体语言的使用、师生之间的互动语言等,放大教学中的一些细节,这样可以进行更为细致的研究。

(三)调查问卷

教师可以采取调查与问卷的形式来反思教学。教师的调查与问卷可以就教师自己或同事对教学的认识与看法以及学生的学习兴趣、学习态度、学习方法等情况来展开。教师可以参考其他相关书籍中的调查问题或问卷,也可以自己设计一些调查问题或问卷。

(四)行动研究

行动研究也是反思性英语教师专业发展的一个非常重要的方法。在英语教学中,专业化的发展要求教师应该成为行动的研究者。英语教师要针对一些实际问题改变教学方法,在解决问题的过程中进行自我监控与自我评价,通过评价使原先对问题的理解得到修正与改进。

(五)个案分析

个案分析也是反思性英语教师专业发展的有效途径。教师可以通过讲课竞赛、教学竞赛、优秀教师示范、听公开课等手段展开个案分析,汲取其他教师教学中的精华,补充自己教学中的缺点,充实自己的教学,从而促进自身教学的长足发展。

(六)微格教学

所谓微格教学,是指教师运用摄像机,将自己选择作为反思对象的某个教学方面记录下来,之后以旁观者的视角来分析,发现教学中的问题,寻求这些问题的解决方案。

微格教学使教师能够对自己教学中的行为有一个清晰的了解,同时能够与他人进行探讨。当然,教师可以根据自身反思的问题,录下其他教师的教学片段,通过观察其他教师的做法,找到解决问题的灵感,反思自己的教学。

(七)学生反馈

学生反馈是从学生身上获取信息,将这些信息作为调控教学的依据,不仅可以了解学生的学习状况,还能够了解自身的教学优缺点。在英语教学中,教师获取学生的反馈信息的有效途径是学生评教、师生座谈、测试成绩、调查问卷等。通过学生的反馈信息,教师反思自己的角色与教学方法。

另外,通过反馈信息,教师可以分析相关的数据,获取更明确的、更多的信息。可见,在英语教学中,学生反馈是英语教师专业发展的一个有效途径,可以大大促进教师的自我提高,对自己的课堂进行优化,也能使得师生之间关系更加融洽,推动学生的自主学习以及教师的专业素质发展。

(八)专家听课

要促进英语教师的专业素质发展,学校可以聘请有丰富经验的教师进行督导,或者让业务过硬的专家听课,并让他们进行指导,对教师的教学给予客观的评价,帮助教师提高反思能力。

第九章　大学英语教学中的"中国文化失语"现象研究

大学英语教学是针对英语展开的课程,目的是提高学生的英语综合能力,培养学生的跨文化交际能力,因此英语语言知识、英美文化知识等成了大学英语教学的重要内容,而母语文化常常被忽视,从而导致大学英语教学中"中国文化失语"现象的产生。在英语学习过程中,母语文化的负迁移作用是显而易见的,但是母语文化也有其不可否认的正迁移作用,因此在大学英语教学中要做到目的语文化与母语文化兼收并蓄,同时要认识到"中国文化失语"的现状与原因,最终加强母语文化的渗透。

第一节　母语文化在外语学习中的负迁移

在中国学生学习外语时,他们的母语系统已基本确立,母语思维习惯也已形成,根据行为主义学习理论,原有的习惯会对新习惯的养成产生影响,因此在外语学习中,根植于大脑的母语文化会对外语学习的顺利进行产生影响,即迁移作用。当母语文化有助于外语学习时,就会产生正迁移,当母语文化干扰外语学习时,就会产生负迁移。例如,"中式英语"以及跨文化交际中的语用失误等都是源于母语文化对外语学习和交际中产生的负迁移作用。因母语文化的负迁移作用,在学习外语的过程中学习者需要付出更多的努力。对此,为了提高外语学习效果,首先需要充分了解母语文化在外语学习中的负迁移作用,然后采用相应的方法克服负迁移作用的影响。

一、母语迁移的表现形式

"迁移"(transfer)实际上是一种认知活动,属于心理学范畴,具体是指学习者在学习过程中利用自身已有的知识或技能对新知识和新技能的获取所产生影响的现象,体现了学习者的心理加工过程。语言迁移理论在20世纪50年代被提出,其是一种心理过程,具体是指学习者在外语学习的过程中用目的语进行交际时,因不能熟练掌握目的语规则而有意或无意地用母语规则来处理目的语信息的现象。

而母语迁移源于不同语言之间的相同或差异,具体包含两种形式。

(1)正迁移。当母语与目的语相同或相似时,会出现正迁移(positive transfer),正迁移会促进外语学习。例如,当表达相同含义的汉语语序与英语语序相同时,就利于汉语学习者学习英语,如"He comes from Beijing."与"他来自北京。"通常,在外语学习的早期,母语的促进作用比较明显。

(2)负迁移。当母语与目的语在某些方面有着较大的差异时,学习者在运用目的语的过程中就会借助母语的一些规则,这样就会产生负迁移(negative transfer),负迁移会阻碍外语学习。研究表明,母语负迁移是外语学习中普遍存在的现象。

二、母语文化在外语学习中的负迁移作用

母语文化在外语学习中的负迁移作用不仅体现在语音、词汇、句法等语言系统上,还体现在文化语用层面上。

(一)语言系统层面的负迁移

1.语音负迁移

在语言迁移现象中,语音迁移是十分重要的一个方面,且常见于中国学生的语际交往中。对语言的语音系统分析可以发现,英汉语言属于不同的语系,语言类型并不相同。英语属于"语调语言"(intonation language),主要依靠语调来区别句子意义,而汉语属于"声调语言"(tone language),主要依靠声调区别字义,这两种语言有着完全不同的音位数量和组合方式。而造成中国学生语音迁移的主要原因往往就是这些音位系统上的差异。

英汉语言不仅在语系上不同,在具体的音节上也有差异。汉语音节中没有辅音群,而且辅音之间常有元音相隔,因此很多中国学生在读英语辅音连缀时,常会在中间添加一个元音。英语既有以元音结尾的开音节词,也有以辅音结尾的闭音节词;但汉语的"字"都是单音节词,大都属于开元音,只有少数以辅音结尾,对此中国学生在读英语闭音节时会不自觉地在结尾的辅音上加上一个元音,如把 work 读作 worker。此外,英语中有/θ/这一音位和/bl/这类辅音音位组合,而汉语中没有,由此造成的负迁移使得中国学生常把 thin 读成 sin,把 blow 读成 below。

这种根深蒂固的汉语发音习惯造成的母语负迁移是不利于英语语音学

第九章 大学英语教学中的"中国文化失语"现象研究

习的一个重要因素,而且其顽固性使得学生基本无法达到英美人的水平。因此,外语教学时不必过分强调纯正的语音,应以满足交际为目的;不必过分要求一些非音位的不区别意义的语音差异,但必须要重视那些区别意义的音位。

2. 词汇负迁移

中国学生在词汇上的负迁移表现得非常明显,而且较为复杂,具体体现在以下两个方面。

(1)内涵意义不对等

英汉民族的文化差异使得英汉词汇的内涵意义有所不同。以颜色词汇为例,在汉语中红色是一种吉祥色,象征着顺利和成功,深受中国人的喜爱,但在英语中 red 没有这一内涵意义;在英语中蓝色有"沮丧、忧郁"之意,但汉语中 blue 没有这一内涵意义。再如,英语中的 dog 和汉语中的"狗"指称范围完全相同,内涵意义却相去甚远。在汉语中,"狗"常有"令人讨厌,卑鄙"等不好的含义,与之相关的词语也多贬义,如"走狗""狼心狗肺""狐朋狗友"等;但英语中的 dog 并没有不好的意思,反而多表示"忠实""可爱""友好"等褒义意义。

(2)词汇搭配不对应

词汇搭配是指词与词之间的横向组合关系。词的搭配意义是词从与它相结合的词义中获得的各种联想构成的意义,必然有别于同其他词义搭配所产生的意义。英汉语言中存在很多词汇搭配不对应的情况。例如:

汉语组合	英语组合	英语组合的真正意义
黑茶	black tea	红茶
食言	eat one's words	收回前言
体育房	sporting house	妓院
个人评论	personal remark	人身攻击
拖后腿	pull sb.'s leg	开玩笑
红色带子	red tape	官僚习气

3. 句法负迁移

因学习者对目的语句法掌握得不够熟练,在表达一些新的意义时,常会用母语的句法知识来辅助。当表达同一含义的母语与目的语在句法形式上有所差异时,句法负迁移就会产生。具体而言,母语的句法负迁移表现为以下几个方面。

(1)英语句子不完整

无论是英语还是汉语,"主语+谓语"都是句子的基本结构形式,而且主语和谓语在一个完整的句子中不可或缺,在这一点上英语和汉语是一致的。但在汉语中,有时可以省略主语或谓语,受母语负迁移的影响,有些学生常会造出结构不完整的英语句子。例如:

If charge the entrance fee, it will damage the outlook of the city.

受母语负迁移的影响,中国学生在用英语表达句子时常丢失主语。汉语是代词省略型语言,句子中可以不出现主语,但英语则要求每一个句子都必须有显性主语,即使没有实质主语,也要加上形式主语。

So the park will more beautiful.

上述错误是英语中形容词不能够单独作谓语,它必须和系动词或和助动词一起构成谓语。

总体而言,英语句子成分残缺主要源于两点,一是没有掌握正确的英语句型结构,二是受母语干扰。

(2)时态误用

在时态上,英汉语言各具特色。英语时态种类繁多,形式各异。例如,英语动词会随时态的不同而变化,但汉语动词在形式上不发生改变,在表示动作发生的不同时间时,常会借助表示时间的副词或者一些后缀来表达。受汉语时态的影响,学生在表达英语语法时常会用到汉语语法模式,从而出现语法错误。例如:

他父亲已经死了两年。

误:His father has died for two years.

正:His father has been dead for two years.

他已完成作业两个小时了。

误:He has finished his homework for two hours.

正:He finished his homework two hours ago.

(3)语序排列不对应

在句子分类方面,汉语句子种类较少,而英语句型则多种多样。由于英汉语言句法结构中句子成分的不对应,很容易产生汉语句法规则对英语的负迁移。例如:

这件事我是见证人。

那件事是他经手办的。

上述两个汉语句子中有大主语和小主语之分,大主语是"这件事"和"那件事",表示受事,小主语是"我"和"他",表示施事。但英语中并没有这类结构,因此这类句型常会对学生的英语学习产生负迁移作用,使学生进行

第九章　大学英语教学中的"中国文化失语"现象研究

如下错误表达：

This event I am the witness.

That matter he did/handled himself.

正确的英语表达应该是主系表与主谓宾结构：

I am the witness of this event.

He is the one who handled the matter.

(4) 关联词语不对应

在关联词方面，"因果""让步"等关联词在英汉语言中都存在。汉语中，"因为……所以""由于……因此"等是表示"因果"的关联词语，"尽管……但是""虽然……但是"等是表示"让步"的关联词语，而且这些关联词语是连词并用。英语中并不存在这种句法现象，英语中在表示"因果"关系的句型中 because 与 so 不能同时连用，在表示"让步"关系的句型中 although 与 but 不能同用，只用其中的一个就能起到表示"因果"和"让步"关系的作用。受汉语负迁移的影响，学生在英语学习过程中常会产生连词并用的句法错误。例如：

Because I was very tired, so I fell asleep the moment my head touched the pillow.

Although I used to watch television a lot, but I hate it now.

（二）文化语用层面的负迁移

每一个民族都拥有着本民族独特的文化，成长在同一民族环境中的人们可以自然地吸收本民族文化，一般不需要加以详细解释。我国的外语学习是在汉语环境下进行的，受汉语文化习惯的影响，中国学生在学习外语时常将母语文化模式套用到外语学习中，从而产生文化干扰。具体而言，母语文化的负迁移作用主要表现在以下三个方面。

1. 词汇的文化内涵不同

词汇有其基本含义，也有其文化内涵，即词汇本身所蕴含的感情色彩、风格意义以及比喻意义等。文化背景不同，社会观念也会不同，在看待同一事物时会有不同的认识，如果不对此进行详细对比，想当然地套用母语文化模式，就很容易产生误解。例如，对于"健壮如牛"这一词语，中国学生常会受母语文化模式的影响而用 as strong as a cow 来表达，实际上 as strong as a horse 或 as strong as an ox 才是地道的表达。即便是同时存在于英汉文化中的现象或事物，也会因文化背景的不同而使人们产生不同的联想，有些虽然字面意义相似，但实际意义相去甚远。

可以看出，母语文化在英语词汇学习中的负迁移作用十分明显。这就对外语教学提出了一定的要求,即要将词汇教学与文化教学相融合,丰富学生的文化知识,培养学生的文化素养,让学生了解英汉词汇文化的差异。

2.文化习俗不同

因文化背景的不同,不同民族间有着不同的文化习俗。日常生活中的问候、寒暄、致谢、礼让等,都受到文化的制约。例如,如果学生希望与教授谈话,应该说"I was wondering if I could talk to you."但中国学生通常会说:"I want to talk to you."尽管学生本没有不礼貌的意思,但"I want to talk to you."听上去还是不够礼貌。由于英汉语言运用方面的差异,从汉语到英语不当的语言转换便会造成语用语言失误。

3.价值体系不同

在悠久的历史进程中,中国构建了属于自己的特色价值体系。研究中国文化,必然要提及孔子,因为他的学说对中国乃至其他东方国家都影响巨大,涉及文化、教育、政治、思想等各个方面。根据孔子的学说,人与人之间的等级差别保证了社会的稳定。在西方差不多同一时期所形成的文化显得更加民主,认为人与人之间平等的关系是社会的基础。中国文化强调群体意识,人是群体中的一分子而不是一个独立的个体,群体的和睦需要每个个体来维护,个性往往会受到限制,保全脸面和自尊是和谐的体现。西方文化更崇尚个性的张扬,自尊并不是为了群体和谐,而是为了保证个人的尊严。

可以看出,英汉民族价值观有着鲜明的差异。当学生在学习英语的过程中,必然会受到其本身的价值观的渗透和影响。

第二节 外语教学中目的语文化与母语文化兼容并举

母语文化对外语学习的负迁移作用是显而易见的,但母语文化对外语学习并不总是表现为负迁移,也有正迁移,即促进外语学习。因此,外语教学要做到目的语文化与母语文化兼容并举,以提高外语教学效率。

一、母语文化在外语教学中的作用

(一)母语学习在外语学习中的重要性

对比分析理论认为,母语在外语学习中发挥着重要的作用。关于母语

第九章　大学英语教学中的"中国文化失语"现象研究

对外语学习的影响,有学者指出,母语和目的语之间的差别和相似性决定了学习中的困难,母语和目的语之间差别越大,越容易出现错误。不可否认,外语学习直接受母语的影响,学习者的外语学习实际上就是母语与外语之间差异的学习。只有深入了解母语,才能在对比分析中察觉母语与目的语之间的差异,从而据此来避免母语负迁移,并纠正由母语负迁移产生的错误。

在外语学习的过程中,母语也起着较大的辅助作用。例如,学习者在学习母语词汇时,不仅会掌握这一词汇的含义,还会了解与这一词汇相关的事物,在学习外语中的这一词汇时,由于已经熟悉了这一词汇的相关概念和事物,就不必再对此进行重新认识,显然这对加快外语学习进程十分有利。可以说,如果没有母语知识和通过母语知识获得的经验,外语学习也是不可能完成的。

中国传统的外语教学一直都是使用母语教学的,20世纪中期流行的听说法和20世纪80年代兴起的交际法都对母语教学十分排斥,主张授课的语言要采用外语。之后人们逐渐发现,母语可以不在课堂中出现,但无法不在学习者的头脑中出现。实际上,无论是教师是否采用母语授课,还是学生是否在课堂上运用母语,母语的干扰都是不可避免的。但是,这并不表明教师可以在教学中大肆使用母语,毕竟学生的外语学习需要教师的外语输入。然而,外语学习需要可理解的语言输入,不然不会起作用,如果教学中的某些知识难点用母语讲解更利于学生理解和掌握,就可以使用母语。总体而言,外语教学尽量使用外语来授课,在必要时为了进一步提高教学效率,也可使用母语来授课。

(二)母语文化是培养跨文化交际能力的基础

外语教学的主要目的是培养学习者的跨文化交际能力,而跨文化交际能力的获得离不开对母语文化的理解和掌握。文秋芳(1999)对跨文化交际能力进行了划分,即包含交际能力和跨文化能力两个部分,其中跨文化能力又包含三个部分,分别是对文化差异的敏感性、对文化差异的宽容性和处理文化差异的灵活性。

要使学习者具备对文化差异的敏感性,就要培养学习者对深层文化差异的敏感性。对文化差异的敏感性不同于对目的语国家文化的了解,而是一种识别不同文化差异的能力。对文化差异的敏感性可以超越民族文化和国家文化,具备这种敏感性,不论交际对方具有何种文化背景,交际者都可以更加容易地发现交际双方在深层文化上的差异。

对文化差异的宽容性是指对其他民族文化所持有的理解、宽容和尊重的态度。越是充分理解其他民族的文化,就越容易表现出理解、宽容和尊重态度。

处理文化差异的灵活性包括两个方面:一是交际者能够根据文化背景差异灵活调整交际行为,确保交际的有效进行;二是交际者能够根据文化背景的不同,灵活处理由此引起的交际冲突。

可见,学习者处理文化差异能力的培养,不能仅仅依靠对目的语文化的了解,还有赖于对母语文化的深刻认识和掌握。

鉴于母语文化对外语学习的负迁移作用,外语教学已开始重视文化导入,加深学生对目的语文化的了解,提高学生的文化素养,减小母语文化的负迁移作用。但在世界走向中国,中国走向世界的今天,跨文化交际不仅仅是用外语这一工具去了解和学习国外的先进科学文化知识,而且要用外语向世界输出母语文化。因此,外语教学不仅要丰富学生的目的语文化,开阔学生视野,还要帮助学生深刻认识母语文化的精华,并学会如何用外语进行表达。

二、外语教学中目的语文化与母语文化兼容并举的途径

由于母语文化在外语教学中的积极作用,因此在外语教学中应做到目的语文化与母语文化兼容并举,具体可采用以下几种途径。

(一)寓文化输入于外语教学的全过程

在传统的外语教学中,教师开展教学的形式十分单一,常常是单纯地进行语言形式的教学,而甚少涉及文化教学,更甚少对英汉文化差异进行对比分析,这样的教学方式对学生跨文化交际能力的培养十分不利。因此,在外语教学中,要注重文化知识的导入。具体而言,可进行三个层次的文化导入:第一,向学生讲授母语语言结构知识,消除学生在外语学习中影响理解和使用的文化障碍;第二,在课堂教学中系统导入相关的文化知识,根据课文或每册书的内容概括出课文或全册书的文化框架;第三,向学生介绍更加广泛的文化知识,如历史背景、哲学传统、社会习俗等。

(二)消除词汇习得中的文化盲点

在语言要素中,词汇与文化的关系最为紧密,每一种语言中的词汇都蕴含着丰富的文化信息。词汇大致分为两种类型,一种是一般词汇,另一种是文化词汇。文化词汇是指那些承载文化信息的词汇,他们是民族文化在语言中的直接反映。这些词汇对学生理解文章、学习外语有着直接的影响。

第九章　大学英语教学中的"中国文化失语"现象研究

在进行词汇教学时,教师不仅要教授学生词汇的基本含义和用法,还要向学生导入词汇所承载的深层文化信息,并且要说明词汇在不同文化语境中的具体使用情况,最终消除词汇习得中的文化盲点。

词汇方面的文化盲点常常会使学生获得不确切或者错误的信息,进而会影响对目的语的深入理解。但在实际的学习过程中,学生多满足于对词汇概念意义的理解,很少探究词汇所隐含的文化信息。因此,教师应灵活采用不同的方式开展词汇教学,如比较、专门讲解以及情景融合等,对学习中出现的单词、习语等进行讲解,并将它们与相对应的汉语词汇、习语等放在一起进行比较。

(三)正确理解母语和目的语语言风格的差异

人们生活在特定的文化体系中,一言一行都要受特定文化模式的影响。属于同一文化的人在语言风格上有着很多的相似之处,这就形成了区别于其他语言的独特个性,而这种独特个性也是对文化背景的体现。本质上而言,英语是综合性语言,行文简洁,多省略介词和连接词,常通过虚词和词序手段来表达含义;汉语属于分析性语言,形散神聚,意义含蓄,常通过词语和内含意义的逻辑联系组句成篇。

在口语交际方面,不同文化背景下的交谈者在交流时存在差异。例如,"礼貌""谦虚"素来受中国传统文化的崇尚,因此在社会交往中人们很少积极与人交谈。这就导致在中国教授英语的外籍教师常将中国学生的这种不愿意参与谈话的态度看作对群体的疏远。西方社会尊重个体的个性,在交际场合,人们几乎都会主动交流,积极表现自己。

在交谈中,中西会话结构也存在差异。在表达同意和不同意时,中国人不大愿意直接说"不",该说"不"的时候往往用不置可否或模棱两可的话搪塞;西方人往往会直接拒绝。

(四)消除母语的负迁移

人们在习得母语的过程中,就完成了对自己价值观、世界观和文化观的建立,无论是心理语言、思维方式还是行为模式,都具有排他性,人们常根据自身的想法和观点去看待其他民族的事物。例如,在表达"我父亲是律师,母亲是教师。"时,我国学生常会说"My father is a lawyer, my mother is a teacher."很明显这是受汉语语言习惯的影响所致,汉语注重意合,很少使用连词来表达逻辑关系,许多逻辑关系是蕴含在句子的深层结构中,中国人凭借知觉就能心领神会。但英语属于形合语言,常借助大量的逻辑连词来表达逻辑关系,以实现逻辑上的衔接与连贯。上述句子的正确表达应该是

"My father is a lawyer and my mother is a teacher."

母语文化的负迁移是产生"中国式英语"的重要因素,不仅会造成语言的不规范,也会造成语言的不得体,因此从交际角度出发,应对这种负迁移加以重视,并通过提高学生的文化素养和对英语国家文化的敏感性来引导学生克服母语文化。

(五)发挥母语在外语教学中的正迁移作用

母语文化不仅有负迁移作用,也有正迁移作用,当学生的外语学习与母语相重合时,母语知识就会对外语学习起到辅助作用,即学习者可以将母语知识迁移到外语学习中,学习进程可由此加快。

人类的基本认知过程是通过已知求得未知。在学习外语之前,学生的母语规则已经形成。学生在学习新的知识时,就会对母语规则产生依赖性,当某一英语学习内容与母语规则相一致时,就会产生正迁移;反之,就会产生负迁移。实践证明,外语学习是以母语为前提和起点的,外语学习依赖于母语知识。

对比分析理论认为,语言迁移是外语学习的中坚结构。母语迁移存在于外语学习的始终,但是在不同的学习阶段有着不同的作用。在初级阶段,母语是学习者的直接意识,依赖母语进行外语学习会很自然的发生,因此迁移错误会多一些。进入中级阶段,学习者对不同民族的语言差异有所了解和掌握,迁移错误会随之减少。到了高级阶段,学习者才能逐渐摆脱母语的负迁移。可见,在外语学习的整个过程中,母语的迁移作用都在发生。

对此,教师在外语教学中要善于利用母语的正迁移作用,从而显著提高学生的外语水平。所以,教师不用过分担心母语的负迁移,这样只会阻碍学生有效的学习。但是,这也并不意味着就提倡用母语教授外语课,而是要妥善处理母语与外语学习的关系,让二者有机地融合在一起。

第三节 大学英语教学中"中国文化失语"的现状与原因

随着我国改革开放的不断深入以及跨文化交际的日益频繁,大学英语教学开始注重英美文化知识的导入,以提高学生的文化素养。这同时导致大学英语教学忽视母语文化,教师和学生都将重心放在英语文化的输入上,越来越重视英语文化,而与母语文化渐行渐远,这使得很多学生一旦遇到中国文化方面的问题,就不知道如何用英语准确表达,患上"中国文化失语症"。大学英语教学在努力让学生了解英语文化的同时,应让学生深刻领悟

第九章　大学英语教学中的"中国文化失语"现象研究

优秀的中国文化,从而让学生在将来的跨文化交际中能顺利传播中国文化,让世界了解中国。

一、大学英语教学中"中国文化失语"的现状

2000年,南京大学教授从丛在《光明日报》上发表了题为《"中国文化失语":我国英语教学的缺陷》的文章,首次使用了"中国文化失语"的概念。同时指出,"中国文化失语症"是我国基础英语教学的一大缺陷,并呼吁"把中国文化的英语表达教育贯穿到各层次英语教学之中",借此"系统引入和加强中国文化教育",这既是成功地开展跨文化交流的需要,也是全球化大趋势下文化互补与融合的时代需求。

大学英语教学的目的是培养学生用语言进行沟通的能力,但很多中国学生根本不能通过英语来表达中国文化事物,这就是"中国文化失语"的体现。如果对中国文化知识掌握不足,将会对语言文化交际和沟通带来很大障碍。总结而言,大学英语教学中的"中国文化失语"包含以下两个方面。

(一)母语文化知识的失语

母语文化知识的失语是"中国文化失语"的主要表现之一,也从本质上反映了学习者对母语文化的无知。由于缺乏深厚的中国文化底蕴,学习者在进行跨文化交际时,无法准确表达中国文化事物,可以说是心有余而力不足。

就民俗文化而言,其具有民族性、朴素性和内生性,对本族人有着基本和广泛的影响作用,是民族归属感和凝聚力的综合体现。与人们生活息息相关的民俗文化可以说是常见的文化现象,但在跨文化交际中,很多人因对民俗文化不了解,而无法对中国文化进行有效介绍。

(二)母语文化英语表达的失语

母语文化英语表达的失语,即不能用英语解释母语文化,是中国文化缺失的另一表现。很多学习者因不了解本国文化,即使精通英语,也无法用英语准确表达。例如,在交际过程中论及太极、八卦、清明节、重阳节等中国文化表达时,很多学习者都会不知所措,无法有效加以解释。

二、大学英语教学中"中国文化失语"的原因

导致大学英语教学中"中国文化失语"现象的原因主要有以下两个。

(一)对跨文化交际的理解具有片面性

在大学英语教学阶段,学生已经具备了一定的英语基础知识,教学目的不再仅仅是培养学生的语言能力,而是从文化角度考虑提高学生的跨文化交际能力。目前,跨文化交际能力的培养在大学英语教学中日益受到重视,但是不少人曲解了跨文化交际能力的意思,他们认为跨文化交际能力就是理解和吸收英语文化,而将本民族文化排除在外,这就使得跨文化交际中中国文化"失语"现象十分明显。

实际上,跨文化交际应该是双方的交互行为,意味着文化吸纳和传播,两者缺一不可。吸纳是指对目的语文化的理解和兼容并蓄,传播则是向目的语国家输出本民族文化。真正的跨文化交际并不是一方倒向另一方的交际模式,而是文化的共享以及向另一方输出民族文化。

(二)对大学英语教学中文化教学的理解具有片面性

对大学英语教学文化教学的片面理解,也是导致"中国文化失语"的重要原因。很多人都片面地认为文化教学就是在教学中单纯地导入英语文化知识,而忽视了本土文化的输入。社会对英语人才的需要不仅仅是需要具备英语语言文化能力的人才,还需要懂得中国文化的英语人才,但现在大学英语教学中的文化教学没有充分重视中国文化之英语表达,现在的教师、教材以及教学方法都忽视这种学习需求,最终导致了"中国文化失语"现象的产生。目前,关于如何在英语教学中导入英语文化的研究有很多,但关于中国文化在英语教学中发挥的作用与影响的论述甚少,这种文化教学的"逆差"最终导致学生失去对中国文化价值和审美的认同感,缺乏对中国文化的基本了解,很可能使得学生一味地追寻英语文化而否定中国文化,最终导致中华文化的缺失。

不可否认,在大学英语教学中侧重英语文化是必要的,因为英语文化的导入是一个必要的环节。但是,只在大学英语教学中融入英语文化并不是成功的文化教学,真正意义上的文化教学应遵循对比原则,在必要的时候应融入母语文化。

第四节 加强大学英语教学中母语文化的渗透

鉴于大学英语教学中母语文化的缺失和母语文化的正迁移作用,大学英语教学应重视母语文化的渗透,充分利用母语文化的正迁移作用,从而真

第九章　大学英语教学中的"中国文化失语"现象研究

正提高学生的跨文化交际能力。具体而言,可通过以下方式在大学英语教学中渗透中国文化。

一、提高英语教师素质,担负中国文化传播重任

在大学英语教学中,教师承担着双重任务,即教授语言知识,传播文化知识。所以,教师跨文化交际素质的高低直接影响着大学英语教学的效果。教师要想向学生输入中国文化知识,不仅要有深厚的文化功底,还要具备较高的文化意识和素养,而且具备一定的教学技能,让学生吸收和内化文化知识,并灵活运用于实践。

与此同时,教师要有用英语传播中国文化的能力,用英语谈论中国文化,从而提高学生的学习兴趣,增加教学的实用性。教师要培养学生跨文化交际的敏感性,同时要引导学生树立文化交流的平等意识,培养他们对异文化的宽容态度,以使他们在日后的对外交流中从容不迫。

因此,为了培养学生的跨文化交际能力,传播中国文化,教师应不断增强自身业务能力,深入学习中外文化的精华,拓展关于文化方面的研究领域,增强自身的综合素质,提高跨文化交流能力。

二、调整英语教材内容,增加母语文化

为了使我国大学英语教学更加地道,很多学校都引进了英语原版教材。这些教材可以使学生切实感受到英语文化,但其中很少涉及中国文化的内容,因此直接导致了"中国文化失语"现象。而且,在教学过程中,关于中国文化的英语课外读物也很少,这对提高学生的跨文化交际能力十分不利。对此,相关部门应该系统组织编写中国文化的英文教材,同时进行中西文化的比较教学,以此来加深学生对中西文化的了解程度,发掘自身文化的认同感,增强向外传播母语文化的意识。

对外进行交流的目的是让世界了解中国,同时让中国走向世界,因此大学英语教材编写应在介绍英美文化的同时,增添富有中国文化特色的文章,从而增强教材的实用性。

此外,学生难以用英语表述中国社会生活的现状是"中国文化失语"现象的重要体现,因此教材的编写应增加中国文化的英文表达方式。例如:

《四书》*The Four Books*
《五经》*The Five Classics*
《诗经》*The Book of Poetry*

《尚书》The Book of History
宣纸 rice paper
叩头 kowtow
孝子 dutiful son
秦兵马俑 terracotta warriors of the Qin Dynasty
馄饨 wonton
冰糖葫芦 a stick of sugar-coated haws
拜年 a New Year visit
京剧 Beijing Opera

三、利用教学活动补充中国文化

课内外教学活动的开展是上述教学思想的实施，是改善大学英语教学中"中国文化失语"现象的直接手段。

（一）课堂教学中适当补充中国文化知识

在英语文化教学中，教师可以根据具体教学情况适当补充一些中国文化知识，使学生在学习英语知识的同时了解本民族灿烂的文化，提高自身素质。

例如，《大学英语》修订版第一册 Sailing round the World 讲述了 Francis Chichester 的环球航行。在讲授时，教师可以向同学增添中国历史上类似的事件，如郑和下西洋、张骞出使西域的故事，这些都体现了中华民族的精神。

教师合理融入母语文化背景知识，可使学生更加容易掌握英语知识，也能让学生充分了解中国文化，有利于增强学生作为中国人的自豪感，增强学生的民族精神。此外，通过这种教学方式，还能使学生接触和掌握关于本民族文化的英语表达，进而能够扩充学生跨文化交际中的语料。

（二）开展丰富多彩的课外活动，加强中国文化渗透

大学英语教学中的课堂时间是十分有限的，但课外时间充足，对此教师可鼓励学生将课外时间充分利用起来，引导学生多渠道地获取信息，从而扩大学生的知识面，提高学生的跨文化交际能力。

另外，学校可聘请一些有造诣的专家学者进行专题讲座，鼓励学生积极参与，让学生接受较为系统的英语文化、中国文化的教育。这种专题讲座主题突出，内容丰富，可有效扩大学生的视野，获得更多的英语文化和中国文

第九章　大学英语教学中的"中国文化失语"现象研究

化知识。

此外,教师还可以引导学生利用课外时间阅读一些介绍中国文化的英文作品,如林语堂的《吾国吾民》(My Country, My People)、《生活的艺术》(The Importance of Life)、《孔子的智慧》(The Wisdom of Confucious)等。

四、完善中国文化在大学英语教学中的评价体系

评价是教学中不可或缺的环节,是教学的"助力器",因为在中国教育中,缺乏了评价体系,学生也就失去了学习的推动力。教学评价是根据教学目标对教学过程与结果进行价值判断并为教学服务的活动。通过观察现在的大学英语教学可以发现,教学评价基本上不包括中国文化意识方面的内容,即便学生储备了大量的中国文化知识,如果缺乏与之相匹配的评价措施,学生也无法了解自己对文化知识的掌握是否达到一定的学习标准,教师也无法对学生的学习情况进行反馈,久而久之,学生就会丧失学习中国文化的积极性。

对此,在具体的教学过程中,教师应制订包含中国文化在内的教学评价,同时确保评价方式的多样性。此外,学校相关部门要配合教师加入中国文化意识评价的指标,制订出相关的中国文化学习的教学计划。这样不仅有利于学生积累中国文化知识,也利于激发学生学习中国文化的积极性。

总体而言,加强大学英语教学中母语文化的渗透,是跨文化交际的需要,是培养学生辩证的文化意识的需要,也是继承和发扬中华民族优秀传统文化的需要。在大学英语教学中,教师应让学生了解母语文化的负迁移,并有针对性地减少母语文化的负迁移作用,积极发挥其正迁移作用,避免"中国文化失语"现象的产生,加强母语文化的导入。

参考文献

[1]白靖宇.文化与翻译(修订版)[M].北京:中国社会科学出版社,2010.

[2]陈俊森,樊葳葳,钟华.跨文化交际与外语教学[M].武汉:华中科技大学出版社,2006.

[3]崔长青.英语写作技巧[M].北京:中国书籍出版社,2010.

[4]崔刚,孔宪遂.英语教学十六讲[M].北京:清华大学出版社,2009.

[5]杜秀莲.大学英语教学改革新问题新策略[M].济南:山东大学出版社,2011.

[6]冯莉.大学英语语法教学理论与实践[M].长春:吉林出版集团有限责任公司,2009.

[7]高等学校外语专业教学指导委员会英语组.高等学校英语专业英语教学大纲[M].北京:外语教学与研究出版社,2000.

[8]顾嘉祖,陆昇.语言与文化(第2版)[M].上海:上海外语教育出版社,2002.

[9]何广铿.英语教学法教程:理论与实践[M].广州:暨南大学出版社,2011.

[10]何少庆.英语教学策略理论与实践运用[M].杭州:浙江大学出版社,2010.

[11]胡春洞.英语教学法[M].北京:高等教育出版社,1990.

[12]胡壮麟.语言学教程(第三版)[M].北京:北京大学出版社,2007.

[13]胡文仲.跨文化交际概论[M].北京:外语教学与研究出版社,1998.

[14]教育部高等教育司.大学英语课程教学要求[M].北京:外语教学与研究出版社,2007.

[15]金惠康.跨文化交际翻译续编[M].北京:中国对外翻译出版公司,2004.

[16]康莉.跨文化视角下的大学英语教学:困境与突破[M].北京:中国社会科学出版社,2014.

参考文献

[17]李成洪.英语教学与跨文化传播[M].沈阳:东北大学出版社,2013.

[18]李建军.文化翻译论[M].上海:复旦大学出版社,2010.

[19]廖美珍.语言学教程(修订版)精读精解[M].成都:西南交通大学出版社,2009.

[20]卢红梅.华夏文化与汉英翻译[M].武汉:武汉大学出版社,2006.

[21]鲁子问,康淑敏.英语教学方法与策略[M].上海:华东师范大学出版社,2008.

[22]沈银珍.多元文化与当代英语教学[M].杭州:浙江大学出版社,2006.

[23]王笃勤.英语教学策略论[M].北京:外语教学与研究出版社,2002.

[24]王恩科,李昕,奉霞.文化视角与翻译实践[M].北京:国防工业出版社,2007.

[25]王芬.高职高专英语词汇教学研究[M].上海:上海交通大学出版社,2012.

[26]魏朝夕.大学英语文化主题教学探索与实践[M].北京:中国农业科学技术出版社,2010.

[27]吴为善,严慧仙.跨文化交际概论[M].北京:商务印书馆,2009.

[28]徐锦芬.大学外语自主学习理论与实践[M].北京:中国社会科学出版社,2007.

[29]闫文培.全球化语境下的中西文化及语言对比[M].北京:科学出版社,2007.

[30]严明.跨文化交际理论研究[M].哈尔滨:黑龙江大学出版社,2009.

[31]殷莉,韩晓玲等.英汉习语与民俗文化[M].北京:北京大学出版社,2007.

[32]张红玲.跨文化外语教学[M].上海:上海外语教育出版社,2007.

[33]张鑫.英语教学的理论与实践[M].北京:知识产权出版社,2012.

[34]张宗庆.外语学与教的心理学原理[M].北京:外语教学与研究出版社,2010.

[35]鲍玉杰.大学英语教学中的文化性问题研究[D].长春:东北师范大学,2011.

[36]陈桂琴.大学英语跨文化教学中的问题与对策——一项基于黑龙江科技大学的个案研究[D].上海:上海外国语大学,2014.

[37]何薇.大学英语词汇教学研究——以贵阳学院为例[D].重庆:西南大学,2009.

[38]黄慧.建构主义视角下的大学英语语法教学研究[D].上海:上海外国语大学,2007.

[39]卢风龙.语境理论在高中英语词汇教学中的应用研究[D].济南:山东师范大学,2013.

[40]马东虹.外语教学中文化因素研究[D].上海:上海外国语学院,2007.

[41]戚雨村.语言·文化·对比[A].胡文仲.文化与交际[C].北京:外语教学与研究出版社,1994.

[42]张海倩.基于语境理论的高中英语词汇教学研究[D].重庆:重庆师范大学,2012.

[43]章铭.如何在外语学习中充分调动母语正迁移的作用[D].上海:上海师范大学,2005.

[44]赵富春.大学英语口语探究式教学研究[D].南京:南京航空航天大学,2010.

[45]赵荣梅.语境与高中英语词汇教学[D].上海:华东师范大学,2010.

[46]周方源.语境理论在大学英语词汇教学中的应用研究[D].呼和浩特:内蒙古师范大学,2013.

[47]毕继万.跨文化交际研究与第二语言教学[J].语言教学与研究,1998,(1).

[48]从丛."中国文化失语":我国英语教学的缺陷[N].光明日报,2000-10-19(1).

[49]崔刚,马凤阳.大学英语教学研究的现状、内容与原则——以《国家中长期教育改革和发展规划纲要》为参照[J].中国大学教学,2012(2).

[50]付岳梅,刘强,应世潮.跨文化交际的界定和模式[J].沈阳建筑大学学报(社会科学版),2010(4).

[51]郭莲.文化的定义与综述[J].中共中央党校学报,2002(1).

[52]华瑛.从中国文化失语症反思外语文化教学[J].甘肃联合大学学报,2010(3).

[53]黄辉.试论英语教学中的中国文化渗透及其途径[J].东岳论丛,2009(4).

[54]蒋颖.文化生态视域下大学生"中国文化失语"现象及对策[J].内蒙古财经大学学报,2017(5).

参考文献

[55]李德俊.跨文化交际视域下的大学英语教学[J].辽宁医学院学报,2016(5).

[56]罗益群.外语教学中跨文化交际意识的培养[J].浙江师范大学学报(社会科学版),2005(3).

[57]牛宝艳.英语口语教学中折射出的中西文化差异及启示[J].中国教育技术装备,2009(8).

[58]潘国文.语言的定义[J].华东师范大学学报,2001(1).

[59]蒲晓彬,吴素芳,袁文,梁丽和.提升学生文化素质的途径及策略研究[J].时代文化,2012(6).

[60]屈晓丽.跨文化交际视阈下的大学英语教学[J].首都师范大学学报,2012(6).

[61]肖君.英语词汇教学中文化差异现象浅析[J].四川教育学院学报,2007(5).

[62]张占一.试议交际文化和知识文化[J].语言教学与研究,1990(3).

[63]许迎军.英语教学实施素质教育简论[J].辽宁高等教育研究,1999(1).

[64]Dodd C. H. *Dynamics of Intercultural Communication*[M]. Shanghai:Shanghai Foreign Language Education Press,2006.

[65]Gao, G. & Ting-Toomey, S. *Communicating Effectively with the Chinese*[M]. London:Sage Publications,1998.

[66]Kim,Youg Yun. *Becoming Intercultural:An Integrative Theory of Communication and Cross Cultural Adaption*[M]. CA:Sage Publications,2001.

[67]Tylor,Edward Burnrtt. *Primitive Culture*[M]. Beijing:the Chinese Press,1990.